DISCLAIMER

The author and publisher are providing this book and its contents on an "as is" basis and make no representations or warranties of any kind with respect to this book or its contents. The author and publisher disclaim all such representations and warranties, including but not limited to warranties of merchantability. In addition, the author and publisher do not represent or warrant that the information accessible via this book is accurate, complete, or current.

Except as specifically stated in this book, neither the author nor publisher, nor any authors, contributors, or other representatives will be liable for damages arising out of or in connection with the use of this book. This is a comprehensive limitation of liability that applies to all damages of any kind, including (without limitation) compensatory; direct, indirect, or consequential damages; loss of data, income, or profit; loss of or damage to property; and claims of third parties.

Copyright © 2022 LINGUAS CLASSICS

BESTACTIVITYBOOKS.COM

All rights reserved. No part of this book may be reproduced or used in any manner without the written permission of the copyright owner except for the use of quotations in a book review.

FIRST EDITION - Published 2022

Extra Graphic Material From: www.freepik.com
Thanks to: Alekksall, Starline, Pch.vector, Rawpixel.com, Vectorpocket, Dgim-studio, Upklyak, Macrovector, Stockgiu, Pikisuperstar & Freepik.com Designers

This Book Comes With Free Bonus Puzzles Available Here:

BestActivityBooks.com/WSBONUS20

5 TIPS TO START!

1) HOW TO SOLVE

The Puzzles are in a Classic Format:

- Words are hidden without breaks (no spaces, dashes, ...)
- Orientation: Forward & Backward, Up & Down or in Diagonal (can be in both directions)
- Words can overlap or cross each other

2) ACTIVE LEARNING

To encourage learning actively, a space is provided next to each word to write down the translation. The **DICTIONARY** allows you to verify and expand your knowledge. You can look up and write down each translation, find the words in the Puzzle then add them to your vocabulary!

3) TAG YOUR WORDS

Have you tried using a tag system? For example, you could mark the words which have been difficult to find with a cross, the ones you loved with a star, new words with a triangle, rare words with a diamond and so on...

4) ORGANIZE YOUR LEARNING

We also offer a convenient **NOTEBOOK** at the end of this edition. Whether on vacation, travelling or at home, you can easily organize your new knowledge without needing a second notebook!

5) FINISHED?

Go to the bonus section: **MONSTER CHALLENGE** to find a free game offered at the end of this edition!

Want more fun and learning activities? It's **Fast and Simple!**
An entire Game Book Collection just **one click away!**

Find your next challenge at:

BestActivityBooks.com/MyNextWordSearch

Ready, Set... Go!

Did you know there are around 7,000 different languages in the world? Words are precious.

We love languages and have been working hard to make the highest quality books for you. Our ingredients?

A selection of indispensable learning themes, three big slices of fun, then we add a spoonful of difficult words and a pinch of rare ones. We serve them up with care and a maximum of delight so you can solve the best word games and have fun learning!

Your feedback is essential. You can be an active participant in the success of this book by leaving us a review. Tell us what you liked most in this edition!

Here is a short link which will take you to your order page.

BestBooksActivity.com/Review50

Thanks for your help and enjoy the Game!

Linguas Classics Team

1 - Antiques

```
Q I N S O L I T O L B A D G
L U W D F T K I A Q O U E I
R V A R U T L U C S T T C O
T E T L U Z H P B K N E O I
W C S O I L I B O M E N R E
M C A E N T G W T R M T A L
O H S X N D À A X P I I T L
N I E C E T R A L L T C I O
E O C I C E Z X D L S O V A
T S O V E N D E R E E X O E
E T L B D Q K C M Z V R Q J
J I O Z Z E R P O H N P I L
D L E L E G A N T E I E O A
O E R E S T A U R O Z J I I
```

ARTE
ASTA
AUTENTICO
SECOLO
MONETE
DECENNI
DECORATIVO
ELEGANTE
MOBILIO
GALLERIA
INVESTIMENTO
GIOIELLO
VECCHIO
PREZZO
QUALITÀ
RESTAURO
SCULTURA
STILE
VENDERE
INSOLITO

2 - Food #1

```
O R Z O I L G A E M H K L S
C R T F R A G O L A S B I A
R A P E R A T O N N O A M R
X P K T A L S U C C O S O A
Z A A T B L T S C D W I N C
H U A A R O E P A D K L E H
K P C L X P I I N C F I O I
X L C C Y I I N N A Z C K D
L G O W H C Q A E R X O X I
D K C C N E U C L O Z A D O
M D I G Q L R I L T X J N O
N W B L O A J O A A B Q Q B
D M L I N S A L A T A G F D
A B A M I N E S T R A D J J
```

ALBICOCCA
ORZO
BASILICO
CAROTA
CANNELLA
AGLIO
SUCCO
LIMONE
LATTE
CIPOLLA

ARACHIDI
PERA
INSALATA
SALE
MINESTRA
SPINACI
FRAGOLA
ZUCCHERO
TONNO
RAPA

3 - Measurements

```
T A I K B U C E L C A I G A
O L B Y T E N L A H O U M F
N T G M A S S A R I U Q B W
N E R S H Y O M G L Y A O P
E Z A V U T W I H O D A R G
L Z M Z O Z D C E G G M T N
L A M X R L O E Z R E B E G
A D O Y T B U D Z A C R M P
T X T F I R E M A M I I I E
A C U M L O R T E M L C T S
L U N G H E Z Z A O L E N O
À T I D N O F O R P O X E O
F X M T D F Y B L Z P W C I
C H I L O M E T R O F D X A
```

BYTE
CENTIMETRO
DECIMALE
GRADO
PROFONDITÀ
GRAMMO
ALTEZZA
POLLICE
CHILOGRAMMO
CHILOMETRO
LUNGHEZZA
LITRO
MASSA
METRO
MINUTO
ONCIA
TONNELLATA
VOLUME
PESO
LARGHEZZA

4 - Farm #2

```
X P A E F G P P G Q S H C A
N R N J R G A A E R N N I G
J A I Y U G R A S C A Q O R
O T M F T R T S A T O N A I
L O A Q T L A M A J O R O C
V L L F E G N U X G W R A O
E L I A T M A I S G O U E L
R E E N O I Z A G I R R I T
D N G F R U T T A B P F P O
U G A F I E N I L E C Q I R
R A U X J T O E Y K I R C E
A T R A T T O R E L B U G Q
I J L U R A U S I C O Z R O
J S W R U L C R E S C E R E
```

ANIMALI
ORZO
FIENILE
MAIS
ANATRA
AGRICOLTORE
CIBO
FRUTTA
IRRIGAZIONE
AGNELLO

LAMA
PRATO
LATTE
FRUTTETO
PECORA
PASTORE
CRESCERE
TRATTORE
VERDURA
GRANO

5 - Books

```
N A R R A T O R E E P I C O
P S C R I T T O S O M M J C
R O P U H I E R O T T E L I
E I E I N V E N T I V O L T
P K L S N F F Z S U A Z E R
S A I E I H U W E M U N T A
E P G F V A I M T O T A T G
R À T I L A U D N R O M E I
I W A A N A N B O I R O R C
E S P M I A D T C S E R A O
S T O R I C O P E T R F R I
S T O R I A C E W I T Z I K
A V V E N T U R A C P N O W
C E N O I Z E L L O C J K X
```

AVVENTURA
AUTORE
COLLEZIONE
CONTESTO
DUALITÀ
EPICO
STORICO
UMORISTICO
INVENTIVO
LETTERARIO

NARRATORE
ROMANZO
PAGINA
POESIA
LETTORE
RILEVANTE
SERIE
STORIA
TRAGICO
SCRITTO

6 - Meditation

```
S C H I A R E Z Z A C G U N
H V R M Z F C A O C A H D A
F T E E Z F A W X U L X G T
M M S G E E P J D R M P F U
O E I H L Q Q I M W A Z E R
V N L Y I I N O I Z O M E A
I T E Q T N O G W H I I E L
M E N E N I D U T I T A R G
E T Z B E D S N X B C X M I
N L I L G U H C E M R M T R
T T O N S T G F R X J X A F
O M W P Z I R E I S N E P U
H R F P K B M E N T A L E E
A Y A K G A C I S U M K A K
```

SVEGLIO
CALMA
CHIAREZZA
EMOZIONI
GRATITUDINE
ABITUDINI
GENTILEZZA
MENTALE

MENTE
MOVIMENTO
MUSICA
NATURA
PACE
SILENZIO
PENSIERI

7 - Days and Months

```
O T S O G A C I N E M O D O
A N N O E M B Ì D R E N E V
F I G R N E H Z T B N U T S
M T J J N R D K D M R D H E
B E P Y A C D Ì S E A O P T
M O S Z I O Ì D E V O I G T
O A H E O L D E T O I A A E
T T R T X E E T T N L R P M
A K T Z N D N R I M G B R B
B Y F O O Ì U A M O U B I R
A J J K B W L M A Y L E L E
S K W C B R M R N U R F E S
O Z A S D Y E D A G C E A L
C A L E N D A R I O O F P U
```

APRILE
AGOSTO
CALENDARIO
FEBBRAIO
VENERDÌ
GENNAIO
LUGLIO
MARZO
LUNEDÌ
MESE
NOVEMBRE
OTTOBRE
SABATO
SETTEMBRE
DOMENICA
GIOVEDÌ
MARTEDÌ
MERCOLEDÌ
SETTIMANA
ANNO

8 - Energy

```
M E T C V D E N T R O P I A
U I Z G A I S H A D C T Q R
C B W J P E N O R T T E L E
I A S K O S M H N Y K Z T T
C N R A R E R A E L C U N N
M J D B E L B E N Z I N A E
P O A U O N E G O R D I Z I
X U T P S N N F T X K A W B
L Y R O L T I F O T O N E M
I W I X R E R O L A C I H A
V E N T O E E I P W A B U H
E T N A R U B R A C E R K H
R I N N O V A B I L E U L M
B A T T E R I A S Y K T Z H
```

BATTERIA
CARBONIO
DIESEL
ELETTRONE
ENTROPIA
AMBIENTE
CARBURANTE
BENZINA
CALORE

IDROGENO
INDUSTRIA
MOTORE
NUCLEARE
FOTONE
RINNOVABILE
VAPORE
TURBINA
VENTO

9 - Chess

```
P Q F L C T E M P O R E N E
U X I S Y O P A S S I V O L
N C C K M I N T O R N E O A
T W E O J R Y C J F K R O N
I D P E R A Y S O G I O C O
S F I D E S I M O R A H N G
G S I Q I R M G O M S T A A
C F A I G E T A R T S O I I
N U T S C V R E G I N A B D
H S G P Z V C A M P I O N E
N X K E R A R A P M I R E P
G I O C A T O R E L O G E R
U N D S A C R I F I C I O G
I N T E L L I G E N T E W N
```

NERO
SFIDE
CAMPIONE
INTELLIGENTE
CONCORSO
DIAGONALE
GIOCO
RE
AVVERSARIO
PASSIVO

GIOCATORE
PUNTI
REGINA
REGOLE
SACRIFICIO
STRATEGIA
TEMPO
PER IMPARARE
TORNEO
BIANCO

10 - Archeology

```
E T N E D N E C S I D D C V
I S I L A N A H F À S I T A
Q G P M S J A U O T Q M R L
T E I E Z M R A S I U E I U
L E B B R S G A S H A N C T
O S M X G T B I I C D T E A
S I T P J T O U L I R I R Z
S Y E K I C L Q E T A C C I
A S H R R O C I T N A A A O
X S H C A L T L X A Q T T N
E O D I O G G E T T I O O E
M I S T E R O R H C J N R K
T O M B A C I V I L T À E M
H D F B M R I S U L T A T I
```

ANALISI
ANTICO
ANTICHITÀ
OSSA
CIVILTÀ
DISCENDENTE
ERA
VALUTAZIONE
ESPERTO
RISULTATI

DIMENTICATO
FOSSILE
MISTERO
OGGETTI
RELIQUIA
RICERCATORE
SQUADRA
TEMPIO
TOMBA

11 - Food #2

```
M E L A N Z A N A M M B P O
F O R M A G G I O E Z R E C
P B S C O C S O K L P O S D
C R P M F O P A T A O C C L
I T O N O G O V O U M C E C
O A G S I Y L U W N O O J K
C L N S C A L R W T D L Q C
C O U B R I O S I R O O E U
O I F W A G U Y E A R N Z G
L X M G C E N T O D O T Z R
A F A H N I Z U T G A M N A
T Z J T B L U S P O U N O N
O B S I K I W I K H F R O O
K W L G J C B A N A N A T Z
```

MELA
CARCIOFO
BANANA
BROCCOLO
SEDANO
FORMAGGIO
CILIEGIA
POLLO
CIOCCOLATO
UOVO
MELANZANA
PESCE
UVA
PROSCIUTTO
KIWI
FUNGO
RISO
POMODORO
GRANO
YOGURT

12 - Chemistry

```
G T W T A K P N C C D T S F
C E T E L A S U A A M F Z W
X M N N C L A C R T O Y Z H
E P P O A O G L B A C S H L
N E R R L C R E O L I C E P
Z R U T I E C A N I N A C P
I A L T N L R I Z A L O R
M T A E O O R E O Z G O N S
A U W L D M B C Q A R R E R
S R T E I Q U P M T O E G I
I A E Y U O N E G O R D I O
S G N P Q B I U D R O J S L
A X O C I M O T A E L Y S L
O A I J L A C I D O C M O N
```

ACIDO
ALCALINO
ATOMICO
CARBONIO
CATALIZZATORE
CLORO
ELETTRONE
ENZIMA
GAS
CALORE
IDROGENO
IONE
LIQUIDO
MOLECOLA
NUCLEARE
ORGANICO
OSSIGENO
SALE
TEMPERATURA
PESO

13 - Music

```
C C P O E T I C O F R E L C
A A U O Z I I W O J I C F Q
N N L X O C J B T B T L W R
T T D E L A C I S U M E I R
A A A M V O C A L E O T M U
R N R I M E L O D I A T U A
E T E C N F U O G S R I S L
L E P R E O X L O N E C I B
I I O O C I M T I R P O C U
R A M F M C O R O Z Z L I M
I X B O C I S S A L C F S H
C Y U N A R M O N I C O T P
O T K O B A L L A T A I A S
R E G I S T R A Z I O N E S
```

ALBUM
BALLATA
CORO
CLASSICO
ECLETTICO
ARMONICO
ARMONIA
LIRICO
MELODIA
MICROFONO
MUSICALE
MUSICISTA
OPERA
POETICO
REGISTRAZIONE
RITMO
RITMICO
CANTARE
CANTANTE
VOCALE

14 - Family

```
S O N R E T A P B S W K Z N
D O X I N I B M A B O A Q O
J I R H P A Z A K X O H U N
M Z O E M O N I B M A B Q N
A C A I L O T A N E T N A O
D I X L O L L E T A R F W D
R Z G G H K A M A T E R N O
E P P O G C I N F A N Z I A
L S A M N E Z D M A R I T O
L F J D P O F I G L I A U Z
G W B T R J E Z C U G I N O
S U K K R E U Y K D H I F K
M Y R E Y R C X N E Q J L R
U D B E Y S J B Z H F T S H
```

ANTENATO
ZIA
FRATELLO
BAMBINO
INFANZIA
BAMBINI
CUGINO
FIGLIA
PADRE

NONNO
NIPOTE
MARITO
MATERNO
MADRE
PATERNO
SORELLA
ZIO
MOGLIE

15 - Farm #1

```
W W A R B K P O B F C Y A V
Z P J I Z D S W U I O A F I
A R N S O T N I C E R S U T
E T N O S I B G U N V I O E
J E R P N N K P A O O N U L
K N A U Q C A M O P P O N L
G A T T O A X X E L E I M O
B C H Z S P P Y F M L J Q R
P S A J U R M S G J I O Z Z
W Z L V S A C C U M U D Y G
O E T N A Z Z I L I T R E F
S E M I M L C F T R X K L N
Y C A R U T L O C I R G A W
N X M X C W H O P M A C H Y
```

AGRICOLTURA
APE
BISONTE
VITELLO
GATTO
POLLO
MUCCA
CORVO
CANE
ASINO

RECINTO
FERTILIZZANTE
CAMPO
CAPRA
FIENO
MIELE
CAVALLO
RISO
SEMI
ACQUA

16 - Camping

```
D W B T K T S U C Q L K G P
D X P U Y H Y L A I C C A C
D D Y I S K I U B Z F R R W
Y I O P E S K N I T C A U T
C M V S S B O A N L K M T E
O O I E B O D L A F J O A N
R N H N R J U I A L L L N D
D T Y T S T A N I M A L I A
A A G J X E I S A U C E H T
B G S P D Z T M M N A P L S
X N F U O C O T E H M P A E
O A A L B E R I O N A A G R
M A P P A C A N O A T C O O
A V V E N T U R A Y L O B F
```

AVVENTURA   CACCIA
ANIMALI   INSETTO
CABINA   LAGO
CANOA   MAPPA
BUSSOLA   LUNA
FUOCO   MONTAGNA
FORESTA   NATURA
DIVERTIMENTO   CORDA
AMACA   TENDA
CAPPELLO   ALBERI

17 - Algebra

```
S D D I V I S I O N E C Y E
O I E G Z L N A E W E L W Q
L A S R I S E T N E R A P U
U G P A P O R L Q O L T A
Z R O F R T A B I E T U L Z
I A N I O T C X Z L T M M I
O M E C B R I M A I A R J O
N M N O L A F N R B F O S N
E A T S E Z I M F A P F O E
W J E L M I L E C I R T A M
O W Z A A O P D U R N Z T K
Y H P F F N M W W A I I H M
Z E R O L E E I D V B S T W
N U M E R O S L Y J B Y K O
```

DIAGRAMMA
DIVISIONE
EQUAZIONE
ESPONENTE
FATTORE
FALSO
FORMULA
FRAZIONE
GRAFICO
INFINITO
MATRICE
NUMERO
PARENTESI
PROBLEMA
SEMPLIFICARE
SOLUZIONE
SOTTRAZIONE
VARIABILE
ZERO

18 - Numbers

```
T R Z Q U S Y G L Q C T D T
W R T U V E N T I N I R I K
N C E I R Q U M E O N E C O
U N O N Y I U T S V Q D I P
E X Q D A O D A I E U I A Q
N W E I Q G L R T P E C S F
D K T C I T H P U T U I S S
D I T I S E D I C I R H E D
U P E D E C I M A L E O T O
E H S C Z U Q H L C C E T D
O T T O I C I D K H X W E I
D I C I A N N O V E Q K I C
Q U A T T O R D I C I D I I
Y I J A N N Z K A L O T T O
```

DECIMALE
OTTO
DICIOTTO
QUINDICI
CINQUE
QUATTRO
QUATTORDICI
NOVE
DICIANNOVE
UNO
SETTE
DICIASSETTE
SEI
SEDICI
DIECI
TREDICI
TRE
DODICI
VENTI
DUE

19 - Spices

```
Z H N F B W E D P G L S C D
Z A Y O I H C C O N I F A O
E K F K K E I C J Q N A R L
N I G F E Y N S W I G M D C
Z R U L E R A O A X D A A E
E P S C Q R R X G L B R M Z
R A T I H U A M S R E O O D
O P O T Z C X N T T E K M P
O L O D N A I R O C F C O P
A G L I O N I M U C J X O W
N O C E M O S C A T A C Y Z
L I Q U I R I Z I A M A Q U
C A N N E L L A L L O P I C
V A N I G L I A H Y B Y S A
```

ANICE
AMARO
CARDAMOMO
CANNELLA
CORIANDOLO
CUMINO
CURRY
FINOCCHIO
FIENO GRECO
GUSTO

AGLIO
ZENZERO
LIQUIRIZIA
NOCE MOSCATA
CIPOLLA
PAPRIKA
ZAFFERANO
SALE
DOLCE
VANIGLIA

20 - Mammals

```
C S S C E Q J T C H I C J J
C O A X C B K T O O Z E U J
A T N E K J H Q L R Y N K C
S T E I K L A X L N O O X Q
T A L Z G P L E A S S E T P
O G A E T L L P V Z R L L E
R B B B L Y I L A N O O U T
O I K R P A R O C E P P P N
Z O A A C F O V F H O X O A
W X W P L F G K X M E B C F
X B H D Z A I M M I C S A E
C A N G U R O F D F M K N L
K L S F J I H H Z N J H E E
P S R H O G D E L F I N O I
```

ORSO
CASTORO
TORO
GATTO
COYOTE
CANE
DELFINO
ELEFANTE
VOLPE
GIRAFFA
GORILLA
CAVALLO
CANGURO
LEONE
SCIMMIA
CONIGLIO
PECORA
BALENA
LUPO
ZEBRA

21 - Restaurant #1

```
C W W S Ù M S M J O W P J N
A A R D N N G E R R H I E P
L N F K E R E I S S A C R Q
L I E F M X P O L L O C A H
E C A B È C Q O O T T A I P
R U O T U Q O S G P T N G K
G C B Q K E K L A L R T N C
I D E S S E R T T L Y E A A
A Q C I O T O L A E S K M R
J C U R B N H E S T L A J N
I T N E I D E R G N I L B E
S S N F C A U U B N P P O N
T O V A G L I O L O P N U A
P R E N O T A Z I O N E L P
```

ALLERGIA
CIOTOLA
PANE
CASSIERE
POLLO
CAFFÈ
DESSERT
CIBO
INGREDIENTI
CUCINA
COLTELLO
CARNE
MENÙ
TOVAGLIOLO
PIATTO
PRENOTAZIONE
SALSA
PICCANTE
MANGIARE

22 - Bees

```
U C D Z S H T T W J T R M E
I A I L A A J I G K A C D C
S L P B R E G I N A T Y I O
O V I W O N I D R A I G V S
T E A F R W M B Q C B P E I
T A N C U X L P A E A I R S
E R T P O M Y O T R H Q S T
S E E J D T O L T A Z P I E
N C X P K G B L U P N O T M
I Y I A S F P I R O I F À A
Z C E A D G X N F J K Y I P
G W F C M B R E R I R O I F
F B U R A E L E I M B S J L
B E N E F I C O S O L E Z Z
```

BENEFICO
FIORIRE
DIVERSITÀ
ECOSISTEMA
FIORI
CIBO
FRUTTA
GIARDINO
HABITAT
ALVEARE

MIELE
INSETTO
PIANTE
POLLINE
REGINA
FUMO
SOLE
SCIAME
CERA
ALI

23 - Adventure

```
O D P G I O I A D N A S I K
I P E R Z G T W L N Y I E O
R S P S E N O I S R U C S E
A F X O T P L Z O V O U N J
R I Y A R I A F E J J R Y B
E D K D C T N R D J Y E C A
N E W D P M U A A T L Z A Z
I C I M A K O N Z Z F Z S Z
T N A T U R A U I I I A O E
I A T T I V I T À T O O P L
E N T U S I A S M O À N N L
N A V I G A Z I O N E H E E
D I F F I C O L T À P L Z B
Z T I H C O R A G G I O P K
```

ATTIVITÀ
BELLEZZA
CORAGGIO
SFIDE
CASO
DESTINAZIONE
DIFFICOLTÀ
ENTUSIASMO
ESCURSIONE

AMICI
ITINERARIO
GIOIA
NATURA
NAVIGAZIONE
NUOVO
OPPORTUNITÀ
PREPARAZIONE
SICUREZZA

24 - Sport

```
C P A Z N E T S I S E R D O
I R F J E X Z A Z N A D A B
C O O O R R I L O C S U M I
L G R G A U O U O H S Q M E
I R Z G T L A T E I D Q E T
S A A I O A N E A D Z I T T
M M D N U T A R D N D A A I
O M T G N L L B Z Y E N B V
K A B Z D E B E F O X L O O
A D O V I T R O P S H F L I
C O R P O A Q Y A S U U I A
C L F S N À T I C A P A C M
M A S S I M I Z Z A R E O X
D N U T R I Z I O N E J B Z
```

CAPACITÀ
ATLETA
CORPO
OSSA
ALLENATORE
CICLISMO
DANZA
DIETA
RESISTENZA
OBIETTIVO

SALUTE
JOGGING
MASSIMIZZARE
METABOLICO
MUSCOLI
NUTRIZIONE
PROGRAMMA
SPORTIVO
FORZA
NUOTARE

25 - Circus

```
P G W Y Y E R A R T S O M D
Q A I M M I C S N W O L C P
E D L T R U C C O I U T W F
M G W L F P C D N L M W J E
M W H W O T I G R E S A K R
Q A X U T N W S K Z P L L E
P Q G T K M C X H M E L P I
I M X O F Y Q I N M T E A L
C O S T U M E Y N E T M R O
M A G I A D N E T I A A A C
L E O N E U K W M Y T R T O
M U S I C A Y Q N O O A A I
J A A W P A T A B O R C A G
O K F K M E T N A F E L E O
```

ACROBATA
ANIMALI
PALLONCINI
CARAMELLA
CLOWN
COSTUME
ELEFANTE
GIOCOLIERE
LEONE
MAGIA

MAGO
SCIMMIA
MUSICA
PARATA
MOSTRARE
SPETTATORE
TENDA
TIGRE
TRUCCO

26 - Restaurant #2

```
I R Y A E N I E C S E P Q F
N X M B E R U D R E V T G O
S A A M W R P R N F N U H R
A C O I A I H C C U C A I C
L Q S N D Q S A L E X Z A H
A U O E R E I R E M A C C E
T A I S B G S Z K C F Z C T
A P Z T S P E Z I E F Z I T
T N I R P R A N Z O R J O A
Z A L A A O H V Q Q U S I D
A P E R I T I V O T T U A C
T Q D S N S S G F U T H S Z
L E O T O R T A D N A V E B
N U U J U E X M O T M J A E
```

APERITIVO
BEVANDA
TORTA
SEDIA
DELIZIOSO
CENA
UOVA
PESCE
FORCHETTA
FRUTTA
GHIACCIO
PRANZO
INSALATA
SALE
MINESTRA
SPEZIE
CUCCHIAIO
VERDURE
CAMERIERE
ACQUA

27 - Geology

```
P L A I S D F H S Y Y S J A
R I A C A L C I O A E M C C
R H E V A Q Z R R U L I I I
Q J A T A N R E V A C E C D
N Z R K R M A I S I E X L O
E T I T T A L A T S D G I A
L W G T E R R E M O T O M L
I X E T N E N I T N O C I T
S R Y V U L C A N O D P N O
S O S C R I S T A L L I E P
O S E N O I S O R E X R R I
F G R L Y L O G T B Y M A A
Q U A R Z O T A R T S Y L N
C O R A L L O Z R C Z T I O
```

ACIDO
CALCIO
CAVERNA
CONTINENTE
CORALLO
CRISTALLI
CICLI
TERREMOTO
EROSIONE
FOSSILE
GEYSER
LAVA
STRATO
MINERALI
ALTOPIANO
QUARZO
SALE
STALATTITE
PIETRA
VULCANO

28 - House

```
W C N C T D Y M K B O R S D
S A W U E D N E T B S Z P O
H M I C T T A Q M E O C E C
Y I W I T X A T T I C O C C
U N A N O W L Q H B P M C I
P O R A A S H S F R A O H A
A C E T O I L B I B R B I G
V L M E O R G P N J E I O I
I V A I H C I Z O A T L T A
M R C M S C O P A R E I N R
E B M L P Y A P E U T O I D
N G U E G A R A G Q O A C I
T M F Y N W D E J W Y T E N
O G U F H K Q A Q L F Z R O
```

ATTICO
SCOPA
TENDE
PORTA
RECINTO
CAMINO
PAVIMENTO
MOBILIO
GARAGE
GIARDINO

CHIAVI
CUCINA
LAMPADA
BIBLIOTECA
SPECCHIO
TETTO
CAMERA
DOCCIA
PARETE

29 - Physics

```
U M T I F M Q X P C S E R P
N R O L J O O C A G E J E A
I Q P F W X R T H E T E L R
V Z G A S S A M O U U L A T
E R A E L C U N U R K E T I
R D E N S I T À G L E T I C
S M E C C A N I C A A T V E
A O M S I T E N G A M R I L
L M A Z N E U Q E R F O T L
E O O C I M I H C C P N À A
Z T V E L O C I T À A E O S
S A L O C E L O M M D R X R
A C C E L E R A Z I O N E A
G D S X E S P A N S I O N E
```

ACCELERAZIONE
ATOMO
CAOS
CHIMICO
DENSITÀ
ELETTRONE
MOTORE
ESPANSIONE
FORMULA
FREQUENZA
GAS
MAGNETISMO
MASSA
MECCANICA
MOLECOLA
NUCLEARE
PARTICELLA
RELATIVITÀ
UNIVERSALE
VELOCITÀ

30 - Dance

```
V C P S P S O W C A L H J C
I W D S A R E N O I Z O M E
S L P H H L C O M F M C T T
I U P R A L T S P A O L R R
V R D M O C N O A R V A A A
O M I G V V E I G G I S D C
G R A Z I A A O N O M S I U
C E D C S P E I O E E I Z L
U N W J S X O G C R N C I T
L K K M E H R S A O T O O U
T U Y F R Y I X T C O R N R
U N I W P Y T U K U U R A A
R A C I S U M M D G R Z L L
A R Y J E W O P R O C A E E
```

ARTE
CORPO
COREOGRAFIA
CLASSICO
CULTURALE
CULTURA
EMOZIONE
ESPRESSIVO
GRAZIA
GIOIOSO
SALTO
MOVIMENTO
MUSICA
COMPAGNO
POSTURA
PROVA
RITMO
TRADIZIONALE
VISIVO

31 - Coffee

```
A N I T T A M P I T C W J O
F C B Z L Z F R C T Y H B R
C Y I X R Z X E U Z J I J I
A Q M D C A T Z A M E R C G
F S R G O T Y Z M U N P N I
F Z M I G X P O A M O R A N
E T T A L M I U R S C Y P E
I U O J C M O B O O T N W N
N T Z H U I O R E H C C U Z
A U Q C A Y N I Z R P R L R
F I L T R O O A N O E F I A
L O O T I T S O R R A H N C
F G G U S T O Y N E E U I S
L I Q U I D O A D N A V E B
```

ACIDO
AROMA
BEVANDA
AMARO
NERO
CAFFEINA
CREMA
TAZZA
FILTRO
GUSTO
MACINARE
LIQUIDO
LATTE
MATTINA
ORIGINE
PREZZO
ARROSTITO
ZUCCHERO
BERE
ACQUA

32 - Shapes

```
L R J C S O P N Q T C U B O
X X B Y N R S K J F O Q I L
C I L I N D R O O P N C R O
Q O G W U H U N L E O E E G
L U I X I R Y O O D G R T N
U H A A R C O C G I I C T A
A Z I D R O B E N M L H A C
E L O B R E P I A A O I N U
N J N L I A M S I R P O G R
I N B J G P T D R I X G O V
L A T O P Z R O T P Z R L A
O V A L E S S I L L E C O R
X H J S F E R A S B Z W W F
O A F F T S W R L W K H S U
```

ARCO
CERCHIO
CONO
ANGOLO
CUBO
CURVA
CILINDRO
BORDI
ELLISSE
IPERBOLE
LINEA
OVALE
POLIGONO
PRISMA
PIRAMIDE
RETTANGOLO
LATO
SFERA
QUADRATO
TRIANGOLO

33 - Scientific Disciplines

```
I  C  H  I  M  I  C  A  B  G  A  S  L  F
B  M  D  M  N  L  J  B  O  E  I  O  I  I
A  I  M  O  T  A  N  A  T  O  G  C  N  S
U  I  O  U  L  D  T  W  A  L  O  I  G  I
Q  C  U  L  N  T  E  E  N  O  L  O  U  O
K  G  W  U  O  O  G  Y  I  G  O  L  I  L
R  C  T  Y  E  G  L  W  C  I  E  O  S  O
D  R  F  U  L  S  I  O  A  A  H  G  T  G
O  Z  G  N  P  S  D  A  G  J  C  I  I  I
E  C  O  L  O  G  I  A  J  I  R  A  C  A
N  E  U  R  O  L  O  G  I  A  A  G  A  N
M  I  N  E  R  A  L  O  G  I  A  I  K  G
T  E  R  M  O  D  I  N  A  M  I  C  A  T
K  I  N  E  S  I  O  L  O  G  I  A  O  J
```

ANATOMIA
ARCHEOLOGIA
BIOLOGIA
BOTANICA
CHIMICA
ECOLOGIA
GEOLOGIA
IMMUNOLOGIA

KINESIOLOGIA
LINGUISTICA
MINERALOGIA
NEUROLOGIA
FISIOLOGIA
SOCIOLOGIA
TERMODINAMICA

34 - Science

```
L A B O R A T O R I O M M M
C P A R T I C E L L E E O I
E V O L U Z I O N E U T L N
I L X N N I F G S T D O E E
D O A I O F D C R N S D C R
N A O T T A F H A A D O O A
X R T G O R K I C I V Z L L
K U B I M M I M I P U I E I
C L I M A J O I S L G S T R
E W B N K M F C I A P E J À
L X E L I S S O F T T T F N
E S P E R I M E N T O O C Q
Z F K E G N A T U R A P Q A
O R G A N I S M O F J I Y J
```

ATOMO
CHIMICO
CLIMA
DATI
EVOLUZIONE
ESPERIMENTO
FATTO
FOSSILE
GRAVITÀ
IPOTESI
LABORATORIO
METODO
MINERALI
MOLECOLE
NATURA
ORGANISMO
PARTICELLE
FISICA
PIANTE

35 - Beauty

```
R P F O T O G E N I C O Y W
Y I R S E R V I Z I F I A T
U A C O E L E G A N T E S A
G Q K C D S T I L I S T A O
F R L D I O M L K C F M A J
A E A T R O T T E S S O R T
S L Z Z T P L T E U F R A R
C E N O I M M I I D C Y C U
I G A G C A C O L O R E S C
N A R F I H P H O D K L A C
O N G G B S Q Y O T B L M O
F Z A Q R O O I H C C E P S
E A R G O Q I X J G X P N T
F N F Y F C O S M E T I C I
```

FASCINO
COLORE
COSMETICI
RICCIOLI
ELEGANZA
ELEGANTE
FRAGRANZA
GRAZIA
ROSSETTO
TRUCCO

MASCARA
SPECCHIO
OLI
FOTOGENICO
PRODOTTI
FORBICI
SERVIZI
SHAMPOO
PELLE
STILISTA

36 - To Fill

```
O T T E H C C A P U X B V F
N W N Y W A T S U B N A A Z
I I P O C R S T X P A R L T
C I D G B T C C A J V I I J
A F X O L E C A A S E L G J
B O R S A L D I S T C E I X
V A S C A L A L X S O A A I
T U B O S A V G V M E L A Q
U P B T B A F I A H N T A R
C A S S A B R T S N O K T R
T C U E Y A N T S H T X W O
L Z G C P L H O O T R R E W
X E N Y F D J B I Y A I N I
S E C C H I O Q O A C G G L
```

BORSA
BARILE
BACINO
CESTO
BOTTIGLIA
SCATOLA
SECCHIO
CARTONE
CASSA
CASSETTO

BUSTA
CARTELLA
PACCHETTO
TASCA
VALIGIA
VASSOIO
VASCA
TUBO
VASO
NAVE

37 - Clothes

```
Z I Q T A G R Y P R S G Z G
W I O L L E I O I G T Z S U
J L C A D U W A A I U J C A
C A P P O T T O C H A E D N
M D C R M O D A O C K A G T
A N S A R U T N I C A N R I
G A C C M Y L X N H O S E X
L S I S M I N G O A L G M H
I E A B W X C F L C L O B X
O M R Y Z H X E A P E N I C
N S P A B I T O T L P N U A
E E A Y R O O Y N T P A L S
J K C A M I C I A H A R E M
O P I G I A M A P M C N I Y
```

GREMBIULE
CINTURA
CAMICETTA
CAPPOTTO
ABITO
MODA
GUANTI
CAPPELLO
GIACCA
JEANS
GIOIELLO
PIGIAMA
PANTALONI
SANDALI
SCIARPA
CAMICIA
SCARPA
GONNA
MAGLIONE

38 - Ethics

```
S B O C J U D O T I C C C K
Y E T F R O I N O N O O N W
A N T Z N P P E L T M O Z G
E E I R D A L S L E P P E C
P V M T W I O T E G A E L U
A O I O M F M À R R S R O M
Z L S M M O A P A I S A V A
I O M S Q S T A N T I Z E N
E P O I A O I J Z À O I N I
N K F L C L C U A C N O O T
Z T E A L I O X R U E N I À
A F J E Q F G D M T R E G H
B J Q R V A L O R I L L A C
M H À T I L A N O I Z A R N
```

ALTRUISMO
BENEVOLO
COMPASSIONE
COOPERAZIONE
DIPLOMATICO
ONESTÀ
UMANITÀ
INTEGRITÀ
OTTIMISMO
PAZIENZA
FILOSOFIA
RAZIONALITÀ
REALISMO
RAGIONEVOLE
TOLLERANZA
VALORI

39 - Insects

```
F L I C I C A L A I L M V F
F A R M E T V A I R U J E O
C L R E N O R B A L A C S R
B L L F B R A I B T E F P M
P E I I A H L F O R D J A I
L N H Y B L T E R M I T E C
O I U E I E L Q Q G T X D A
C C Y P S X L A X C N S I Z
U C V E R M E L T G A H F A
S O A P E L C X U F M E A N
T C O R E T T O E L O C M Z
A J F A L E N A N G A L X A
S C A R A F A G G I O U O R
C A V A L L E T T A S P A A
```

FORMICA
AFIDE
APE
COLEOTTERO
FARFALLA
CICALA
SCARAFAGGIO
LIBELLULA
PULCE
CAVALLETTA
CALABRONE
COCCINELLA
LARVA
LOCUSTA
MANTIDE
ZANZARA
FALENA
TERMITE
VESPA
VERME

40 - Astronomy

```
S U P E R N O V A O N A S R
A S T R O N O M O I X S E A
A Z M C O S M O L Z I T N D
S O S E R R H J E O S R O I
T D I T T P W S I N S O I A
E I D I G E I M C I I N Z Z
R A A L N J O A N U L A A I
O C W L Z E P R N Q C U L O
I O K E Q W B X A E E T L N
D Z L T X H H U Z Z T A E E
E U G A R R E T L Y G A T B
T M M S R A Z Z O O P I S P
Y O I R O T A V R E S S O P
G A L A S S I A X O K A C U
```

ASTEROIDE
ASTRONAUTA
ASTRONOMO
COSTELLAZIONE
COSMO
TERRA
ECLISSI
EQUINOZIO
GALASSIA
METEORA
LUNA
NEBULOSA
OSSERVATORIO
PIANETA
RADIAZIONE
RAZZO
SATELLITE
CIELO
SUPERNOVA
ZODIACO

41 - Health and Wellness #2

```
S X G O I G G A S S A M A L
S A G E O S A N I M A T I V
H S N T F Q T A C I I S T X
G T J G A C I T E N E G T N
P N K H U J X O S F P F A P
N D I Y J E Z M J T M J L E
E N E R G I A I J W R E A S
L D X Q W H K A F O J E M O
A L L E R G I A T T C S Y
D R E C U P E R O E E C Z S
E H H J N U T R I Z I O N E
P C A L O R I A X R E D R R
S Q U M O R E N E I G I P N
O N A S H X A P P E T I T O
```

ALLERGIA
ANATOMIA
APPETITO
SANGUE
CALORIA
DIETA
MALATTIA
ENERGIA
GENETICA
SANO

OSPEDALE
IGIENE
MASSAGGIO
UMORE
NUTRIZIONE
RECUPERO
STRESS
VITAMINA
PESO

42 - Time

```
M W O S U T H K P M P J S W
T A P R O X D W R D E S E M
J I T R A G O C E G L C C I
S G J T I J P O S L A J O N
O T U N I M O N T J U S L G
I G G O N N A O O X N A O O
N S T G L U A T D F N I I L
N A G G P D T T F I A J G G
E P I I E R I E Y A R R O Q
C L O R U T U F J Z E E L Z
E A R W W M C T W U U H O G
D A N A M I T T E S L K R U
R C O I R A D N E L A C O Q
M E Z Z O G I O R N O U U S
```

DOPO
ANNUALE
PRIMA
CALENDARIO
SECOLO
OROLOGIO
GIORNO
DECENNIO
FUTURO
ORA

MINUTO
MESE
MATTINA
NOTTE
MEZZOGIORNO
PRESTO
OGGI
SETTIMANA
ANNO
IERI

43 - Buildings

```
M C H M P C A S T E L L O L
U A F O R T A E T S O Q C A
S B I A T A I C S A B M A B
E I E Y G E R R O T L L T O
O N N T I S L I R F Z O P R
H A I I E S A A N A A I W A
O F L H P N G M J Q O X S T
L S E R F U D S C U O L A O
L S P S U E D A T I C O M R
E T X E F A B B R I C A E I
T A Q L D Z K H P S Y Q N O
S D I F O A U X K F R R I N
O I N U B X L K N W O B C Y
W O O T A C R E M R E P U S
```

FIENILE
CABINA
CASTELLO
CINEMA
AMBASCIATA
FABBRICA
OSPEDALE
OSTELLO
HOTEL
LABORATORIO
MUSEO
SCUOLA
STADIO
SUPERMERCATO
TENDA
TEATRO
TORRE

44 - Philanthropy

```
C A K I X J G B E D R W C U
O S A Q E E R A N O D K O Y
M U B B A X X M O S P B N M
U O M C A M R B I T U X T G
N N F A A F H I S O B F A E
I E O G N R R N S R B I T N
T S N J D I I I I L N T E
À T D E O S T T M A I A R
M À I N E X F À À W C N P O
B I S O G N O I Y S O Z Z S
X P A S P E R T D C F A X I
W I M R I V I T T E I B O T
E H T E G R U P P I U O L À
F B J P P R O G R A M M I G
```

SFIDE
CARITÀ
BAMBINI
COMUNITÀ
CONTATTI
DONARE
FINANZA
FONDI
GENEROSITÀ
OBIETTIVI

GRUPPI
STORIA
ONESTÀ
UMANITÀ
MISSIONE
BISOGNO
PERSONE
PROGRAMMI
PUBBLICO

45 - Gardening

```
S À F O G L I A M E L X L I
C T F L O R E A L E W X G E
O I A R E Z F O G L I A C L
M D H G F R U T T E T O O I
P I E R I R O I F Z I T N B
O M I C H O C R O P S M T I
S U C L M C N C P D X W E T
T N E I J I G A U Q C A N S
D I P M R N E S L C M J I E
G L S A M A S A H E A A T M
F Q T O T S E Q E Z F O M
I H F F U O L O U S Z X R O
C P Q M B B S Q A S O S E C
J E S M M G O E S O T I C O
```

FIORIRE
BOTANICO
MAZZO
CLIMA
COMPOST
CONTENITORE
SPORCO
COMMESTIBILE
ESOTICO
FLOREALE

FOGLIAME
TUBO
FOGLIA
UMIDITÀ
FRUTTETO
STAGIONALE
SEMI
SUOLO
SPECIE
ACQUA

46 - Herbalism

```
V Q C C E R O S M A R I N O
M E G I T R N A C T T K X P
A T R R A G A G U N P N S M
G N L D F I G L L A R F E Q
G E A A E A I I I E I F M
I I V O H R R O N P Z N I B
O D A T C D O K A L Z O O A
R E N S L I N G R W E C R S
A R D U X N T Q I N M C E I
N G A G S O Y A O C O H X L
A N N M Q E W N M N L I Q I
R I P L X K N G L O O O J C
B E N E F I C O R P R H P O
Z E L B K Z A F F E R A N O
```

AROMATICO
BASILICO
BENEFICO
CULINARIO
FINOCCHIO
GUSTO
FIORE
GIARDINO
AGLIO
VERDE

INGREDIENTE
LAVANDA
MAGGIORANA
MENTA
ORIGANO
PREZZEMOLO
PIANTA
ROSMARINO
ZAFFERANO

47 - Flowers

```
L A V A N D A G N D Z D P M
U L I K O C S I B I F S A A
P L Y N P I K G U S P G S G
P I M Y O K C L X I D A S N
E L T F G E P I X J G Y I O
T N N G M U P O Z Z A M F L
A O R C H I D E A U I P L I
L G E L S O M I N O R A O A
O C A L E N D U L A E P R L
T R I F O G L I O W M A A S
M A R G H E R I T A U V J N
G A R D E N I A Z Y L E X L
G I R A S O L E P L P R I G
N A R C I S O T S Y S O N W
```

MAZZO
CALENDULA
TRIFOGLIO
NARCISO
MARGHERITA
GARDENIA
IBISCO
GELSOMINO
LAVANDA
LILLA
GIGLIO
MAGNOLIA
ORCHIDEA
PASSIFLORA
PEONIA
PETALO
PLUMERIA
PAPAVERO
GIRASOLE

48 - Health and Wellness #1

```
B C L I N I C A S S O Q F S
O T N E M A S S A L I R X M
P K W I Y U T E R A P I A Q
L E M P P O S S E L F I R U
Q T L O Q J F C V I R U S Z
D K O L M T R I O V I T T A
M N P T E M A B X L X E B O
E A F Z X Z T R Z E I W I R
D L E A A J T O X D T F O M
I T T E M N U M E D I C O O
C E Q E U E R I J S X X F N
I Z J G R Q A Y N P K S M I
N Z E F A R M A C I A D B I
A A M B A T T E R I V R E N
```

ATTIVO
BATTERI
OSSA
CLINICA
MEDICO
FRATTURA
ALTEZZA
ORMONI
FAME

MEDICINA
MUSCOLI
NERVI
FARMACIA
RIFLESSO
RILASSAMENTO
PELLE
TERAPIA
VIRUS

49 - Antarctica

```
G E O G R A F I A B K O F C
S C I E N T I F I C O H Z O
C O N S E R V A Z I O N E N
M P E N I S O L A M Y N E T
T I R I C E R C A T O R E I
X O G A C Q U A I U G R L N
C R P R W R Y X I C H O O E
I O R O A W H K L C I C V N
F S D B G Z A A A E A C U T
C M O G Z R I S R L C I N E
R G A L G A A O E L C O X A
D C M T E Q J F N I I S A R
G H I A C C I O I E A O K B
C G E T N E I B M A I A B M
```

BAIA
UCCELLI
NUVOLE
CONSERVAZIONE
CONTINENTE
AMBIENTE
GEOGRAFIA
GHIACCIAI
GHIACCIO

ISOLE
MIGRAZIONE
MINERALI
PENISOLA
RICERCATORE
ROCCIOSO
SCIENTIFICO
TOPOGRAFIA
ACQUA

50 - Ballet

```
T E C N I C A G G P S A H G
A R T I S T I C O E W C G R
Y R N À T I L I B A S I H A
C O M P O S I T O R E T R Z
J I F S M D L I S T B A O I
X Y J T T U O N U S A R P O
L Z O I I H C T A E L P U S
G E Z L R Y S E L H L W B O
S A Z E R X U N P C E R B I
X U S I W G M S P R R Q L H
T G Q I O F B I A O I T I N
P R A Q A N C T R C N U C Q
M U S I C A I À I J I A O J
X W D B A L L E R I N A P E
```

APPLAUSO
ARTISTICO
PUBBLICO
BALLERINA
COMPOSITORE
BALLERINI
GESTO
GRAZIOSO
INTENSITÀ
LEZIONI
MUSCOLI
MUSICA
ORCHESTRA
PRATICA
RITMO
ABILITÀ
STILE
TECNICA

51 - Fashion

```
M K T G O S O L L E D O M E
S I C Q G Y T T E S S U T O
I E S Z D N S I D X Y H E R
B P M U C N E H L R E F X A
O H O P R C D Q I E A K W C
U B G F L E O P R A T I C O
T T E E G I M P W G C L T Q
I Z Q O M A C I R Z C O R P
Q Z Q R O N R E D O M M A I
U M I N I M A L I S T A M Z
E T N A G E L E U T S R A Z
A B B I G L I A M E N T O O
C O N F O R T E V O L E D S
O R I G I N A L E C Q A L J
```

BOUTIQUE
ABBIGLIAMENTO
CONFORTEVOLE
ELEGANTE
RICAMO
CARO
TESSUTO
PIZZO
MISURE

MINIMALISTA
MODERNO
MODESTO
ORIGINALE
MODELLO
PRATICO
SEMPLICE
STILE
TRAMA

52 - Human Body

```
P D E R O U C N A S O I U S
E I U J S Y Y W B Q T X P P
L T G T S S E T E S T A S A
L O N Z A L L E C S A M A L
E N A R B I F U W R L Y C L
G A S I M O L L E V R E C A
G M I P A L R G M E N T O J
Q O F D G L B E I W M W B D
R H M Y O O Z I C V L M G C
X K Z I Z C A I C C A F I X
Q W Y H T F R K K B H C A W
O I H C C O N I G G O I Z T
N G T C F X O Z G W J W O Q
P N P L J J F W E O F W K I
```

CAVIGLIA
SANGUE
OSSA
CERVELLO
MENTO
ORECCHIO
GOMITO
FACCIA
DITO
MANO
TESTA
CUORE
MASCELLA
GINOCCHIO
GAMBA
BOCCA
COLLO
NASO
SPALLA
PELLE

53 - Musical Instruments

```
P E R C U S S I O N E F G T
S L T C O N I L O D N A M R
A W T P Y W B G T H X G M O
E E T R O F O N A I P O S M
D O E H J L B O M H B T E B
E B W Z N Q L G B Z H T T A
N O T U A L F E U K Y O L M
O L C P B D A R R A T I H C
B V I O L I N O O U I F H A
M A R I M B A D S R B Y I R
O L L E C N O L O I V M F P
R M C A R I L L O N W E A A
T T C L A R I N E T T O J T
S A S S O F O N O Z J C U K
```

BANJO
FAGOTTO
VIOLONCELLO
CARILLON
CLARINETTO
TAMBURO
FLAUTO
GONG
CHITARRA
ARPA

MANDOLINO
MARIMBA
OBOE
PERCUSSIONE
PIANOFORTE
SASSOFONO
TAMBURELLO
TROMBONE
TROMBA
VIOLINO

54 - Fruit

```
G U A V A C M Y Z L K X W N
P E S R G E N O M I L X B O
Q F F E E J Y C E K Q L F C
G E P E D P Y I L M Q R G E
P A P A I A C F O G N A M D
A N I R A T T E N A H X N I
A V U C L Z T I E W F K N C
N B O M E L A W F I N I C O
A A B C A L B I C O C C A C
N N N A A U N K M J I P M C
A A S S C D L A M P O N E O
S N L O I C O P E S C A H Y
D A S Y M Y A X S N O Y L A
C I L I E G I A L K L C I F
```

MELA
ALBICOCCA
AVOCADO
BANANA
BACCA
CILIEGIA
NOCE DI COCCO
FICO
UVA
GUAVA

KIWI
LIMONE
MANGO
MELONE
NETTARINA
PAPAIA
PESCA
PERA
ANANAS
LAMPONE

55 - Engineering

```
P M E D U T U H M Y D M C Z
R O N B I P E A C O I A O Q
O T O R T E M A I D A C S J
P O I I D Y S X U I G C T I
U R Z A S S E E H U R H R N
L E U O Q Z N X L Q A I U G
S J B Q I N F C U I M N Z R
I Y I Z M A O O L L M A I A
O G R S B O L L M O A Z O N
N À T I D N O F O R P R N A
E S S H A G G L U C D O E G
Z A I G R E N E E M L F Y G
Q E D J S P A F Z V W A N I
O S T A B I L I T À E L C I
```

ANGOLO
ASSE
CALCOLO
COSTRUZIONE
PROFONDITÀ
DIAGRAMMA
DIAMETRO
DIESEL
DISTRIBUZIONE
ENERGIA
INGRANAGGI
LEVE
LIQUIDO
MACCHINA
MOTORE
PROPULSIONE
STABILITÀ
FORZA

56 - Kitchen

```
F R I G O R I F E R O B G C
T T A C I B O F A G S A R O
A M I S C F O R N O A C E L
Z M H F B I U Y I G V C M T
Z N C T T H O H K A F H B E
E A C C O R B T I U F E I L
L N U Q I V R Z O K R T U L
N G C Y T A A I Y L S T L I
R U K R E N X G C L A E E W
M P T Y E G T O L E Q H B C
S S G R I G L I A I T R A S
F O R C H E T T E R O T I T
C O N G E L A T O R E L A O
S P E Z I E R O T I L L O B
```

GREMBIULE
CIOTOLA
BACCHETTE
TAZZE
CIBO
FORCHETTE
CONGELATORE
GRIGLIA
VASO
BROCCA

BOLLITORE
COLTELLI
TOVAGLIOLO
FORNO
RICETTA
FRIGORIFERO
SPEZIE
SPUGNA
CUCCHIAI

57 - Government

```
U G J W R A J C A O P A C C
P O I S X Q C Z G B O N S I
X H W U Q E Q R R N L A I T
I E G C D R J B S J I Z M T
L E G G E I O W U F T I B A
M L Y L Q W Z H O F I O O D
B I I K Y M L I T O C N L I
G V C F R B H W A S A E O N
S I H Y E R E I T R A U Q A
B C I Q Y I R L S O I C G N
G I U S T I Z I A C T O I Z
L I Z G W O S N E S S I D A
B H E N O I Z U T I T S O C
L I B E R T À J W D N N Q Q
```

CITTADINANZA
CIVILE
COSTITUZIONE
DISSENSO
QUARTIERE
GIUDIZIARIO
GIUSTIZIA
LEGGE

CAPO
LIBERTÀ
NAZIONE
POLITICA
DISCORSO
STATO
SIMBOLO

58 - Art Supplies

```
A C T C X H F I T O C N N H
R R E A U Q C A A C O R E E
G E L V M X T F V O L S G L
I A E A R M G Y O L O T M O
L T C L C T O T L I R M Y Z
L I A L G C E G O O I G S Z
A V M E N O B R A C O L L A
M I E T V E R N I C I S C P
A T R T N W D G S E G E E S
T À A O C I L I R C A D S G
I I N C H I O S T R O I D Q
T A C Q U E R E L L I A L E
E E D I C W S X C A R T A E
W A Z L J S B Q N I G O X F
```

ACRILICO
SPAZZOLE
TELECAMERA
SEDIA
CARBONE
ARGILLA
COLORI
CREATIVITÀ
CAVALLETTO
GOMMA

COLLA
IDEE
INCHIOSTRO
OLIO
VERNICI
CARTA
MATITE
TAVOLO
ACQUA
ACQUERELLI

59 - Science Fiction

```
C I F X P E F G X P A L D U
I M A Y W N Y P R I I T I T
N M N L A O L O C A R O S O
E A T P I I D W G N B B T P
M G A N S S G I B E I O O I
A I S T S U C O R T L R P A
Q N T A A L N M L A A Y I T
A A I T L L W E F O O C A M
R R C O A I R R U U N D S I
N I O M G N D T R O O C F N
L O H I W O H S A F M C E X
F L B C X L K E X X C R O T
X A S O T C M O N D O P I X
X M I S T E R I O S O L B G
```

ATOMICO
LIBRI
CINEMA
CLONI
DISTOPIA
ESTREMO
FANTASTICO
FUOCO
GALASSIA

ILLUSIONE
IMMAGINARIO
MISTERIOSO
ORACOLO
PIANETA
ROBOT
TECNOLOGIA
UTOPIA
MONDO

60 - Geometry

```
N C C F E P B Y H W L R D S
O B G Q M Q S W N I O S I I
T T E M W P U L C E G U A M
I L O L O C L A C N I X M M
M E D I A N O C Z O C K E E
R O T N E M G E S I A D T T
O L O G N A R T S Z O K R R
P E Y O P G J E P R R N O I
A L T E Z Z A O U O E G E A
V L T P T E E R Q P M C R S
R A X W F W G I F O U W X S
U R Q L S L D A U R N M N A
C A C E R C H I O P H X U M
J P D I M E N S I O N E K W
```

ANGOLO
CALCOLO
CERCHIO
CURVA
DIAMETRO
DIMENSIONE
EQUAZIONE
ALTEZZA
LOGICA
MASSA
MEDIANO
NUMERO
PARALLELO
PROPORZIONE
SEGMENTO
SIMMETRIA
TEORIA

61 - Creativity

```
I  S  D  S  I  N  T  E  N  S  I  T  À  C
M  E  L  P  E  M  O  Z  I  O  N  I  I  E
P  N  D  O  F  B  A  P  V  E  I  I  N  N
R  S  R  N  L  E  B  K  I  N  M  D  V  O
E  A  A  T  U  A  I  A  S  O  M  E  E  I
S  Z  M  A  I  R  L  Z  I  I  A  E  N  Z
S  I  M  N  D  T  I  Z  O  Z  G  Q  T  A
I  O  A  E  I  I  T  E  N  I  I  S  I  N
O  N  T  O  T  S  À  R  I  U  N  D  V  I
N  E  I  E  À  T  J  A  C  T  E  T  O  G
E  A  C  À  T  I  C  I  T  N  E  T  U  A
H  X  O  B  N  C  K  H  L  I  M  J  S  M
T  W  B  M  K  O  A  C  I  T  N  T  D  M
I  S  P  I  R  A  Z  I  O  N  E  Q  F  I
```

ARTISTICO
AUTENTICITÀ
CHIAREZZA
DRAMMATICO
EMOZIONI
FLUIDITÀ
IDEE
IMMAGINE
IMMAGINAZIONE
IMPRESSIONE
ISPIRAZIONE
INTENSITÀ
INTUIZIONE
INVENTIVO
SENSAZIONE
ABILITÀ
SPONTANEO
VISIONI

62 - Airplanes

```
P T X X E M O T O R E L X Y
H A Z Z E T L A R Q N M O B
K R L R S Z E L I C H E H Y
E E P L A V V E N T U R A U
A F M Q O I G G A P I U Q E
R S S E T N A R U B R A C H
I O P T P I C D I S C E S A
A M I Z O F F I L M H I J K
W T L Z H R U D N C I E L O
J A O W F L I J F O L P Q M
J J T O I G G A R R E T T A
K X A P A S S E G G E R O M
C O S T R U Z I O N E U O X
I D R O G E N O D E S I G N
```

AVVENTURA
ARIA
ATMOSFERA
PALLONCINO
COSTRUZIONE
EQUIPAGGIO
DISCESA
DESIGN
MOTORE

CARBURANTE
ALTEZZA
STORIA
IDROGENO
ATTERRAGGIO
PASSEGGERO
PILOTA
ELICHE
CIELO

63 - Ocean

```
S G A P O I A P A N G U P S
Z C O E A T E O N T G M G G
R P O H G B I L G E A G L A
F E N G H M A P U M M X U X
T S N L L J G O I P B G N R
A C O A U I Z Y L E E C B P
R E T D A Q E N L S R O R H
T L S L I K E R A T E R E O
A S U D E M R P A A T A S S
R O I H C N A R G N T L A T
U D E N H Q M I O E O L L R
G E C S L R J P Q L U O E I
A D E L F I N O L A U Q S C
R B E D I X G K U B R A B A
```

ALGHE
CORALLO
GRANCHIO
DELFINO
ANGUILLA
PESCE
MEDUSA
POLPO
OSTRICA
SCOGLIERA
SALE
ALGA
SQUALO
GAMBERETTO
SPUGNA
TEMPESTA
MAREE
TONNO
TARTARUGA
BALENA

64 - Force and Gravity

```
S P F I S I C A R G D U P I
X C R E T O R B I T A N R M
H Z O E B E A F Y X C I O P
P R R P S G M K J O I V P A
T E T X E S C P D M N E R T
R R N K S R I A O S A R I T
R A E T S Z T O M I C S E O
Z R C C A L H A N T C A T C
V E L O C I T À Z E E L À S
J N A T T R I T O N M E X R
K E Z K D E I Q Y G P E S O
R G U U U N A Z N A T S I D
D I N A M I C O S M D S F A
Z Z Z P A C C E L E R A R E
```

ASSE
CENTRO
SCOPERTA
DISTANZA
DINAMICO
ATTRITO
IMPATTO
MAGNETISMO
MECCANICA
ORBITA
FISICA
PRESSIONE
PROPRIETÀ
VELOCITÀ
TEMPO
ACCELERARE
GENERARE
UNIVERSALE
PESO

65 - Birds

```
A C O U Y F C Y C B O H O A
I Y K O C E A O O L U C U C
R T P V R N N P L M S G M C
O A A O S I K A O L U A C N
N O V R O C C P M M O T I P
E K O M Z O S P B N R P C O
T L N P W T T A A B E E O N
J X E M R T R G L A S L G I
C I G N O E U A I B S L N R
S U L E N R Z L U A A I A A
S C K J A O Z L Q G P C O N
O E J Q C L O O A R T A N A
P I N G U I N O C Q U N W C
W D U G T W W H D L E O K M
```

CANARINO
POLLO
CORVO
CUCULO
COLOMBA
ANATRA
AQUILA
UOVO
FENICOTTERO
OCA

AIRONE
STRUZZO
PAPPAGALLO
PAVONE
PELLICANO
PINGUINO
PASSERO
CICOGNA
CIGNO
TUCANO

66 - Art

```
Q E W U F I S P I R A T O W
M A O M S I L A E R R U S D
S C O T T E G G O S C E P I
P I T E R O M U A I S E O P
E M M P M H C E R A E R C I
R A H B N U E P Z A U F J N
S R E N O I S S E R P S E T
O E Q R E L A N I G I R O I
N C A K E W O T S E N O U F
A C O M P O S I Z I O N E F
L W O S C U L T U R A Y I D
E C I L P M E S W D F M X W
C O M P L E S S O V I S I V
A I E Z F R I T R A R R E B
```

CERAMICA
COMPLESSO
COMPOSIZIONE
CREARE
ESPRESSIONE
FIGURA
ONESTO
ISPIRATO
UMORE
ORIGINALE
DIPINTI
PERSONALE
POESIA
RITRARRE
SCULTURA
SEMPLICE
SOGGETTO
SURREALISMO
SIMBOLO
VISIVO

67 - Nutrition

```
C D I G E S T I O N E Z N M
O O R A M A S L A S R N F I
J Z M N U T R I E N T E E I
C R A M R W C Z F R B L R A
B A C O E N I E T O R P M P
G E R Y S S D B B O F E E P
E U B B F E T U L A S A N E
I P S T O À T I L A U Q T T
R E A T E I D A B D X H A I
O S Z D O A D J G I O J Z T
L O G X N P U R Q S L Y I O
A N I M A T I V A K R E O T
C A N I S S O T Q T L F N X
R W O T A I C N A L I B E C
```

APPETITO
BILANCIATO
AMARO
CALORIE
CARBOIDRATI
DIETA
DIGESTIONE
COMMESTIBILE
FERMENTAZIONE
GUSTO
SALUTE
SANO
NUTRIENTE
PROTEINE
QUALITÀ
SALSA
TOSSINA
VITAMINA
PESO

68 - Hiking

```
N A T U R A A K Y H S D Q N
S E L V A G G I O H O O A Q
P P E S A N T E M X L T J C
Y I L A M I N A Q G E N E S
A H E N O I Z A R A P E R P
S C Y T G I P P Y W S M P C
W R Q N R K H H L T C A E A
E A U U O E D I U G O T R M
B P I F A C A D K N G N I P
M A P P A Z N J O O L E C E
I X A C L I M A W Y I I O G
M O N T A G N A T I E R L G
V E R T I C E Z I S R O I I
S T I V A L I B J J A R H O
```

ANIMALI
STIVALI
CAMPEGGIO
SCOGLIERA
CLIMA
GUIDE
PERICOLI
PESANTE
MAPPA
MONTAGNA

NATURA
ORIENTAMENTO
PARCHI
PREPARAZIONE
PIETRE
VERTICE
SOLE
STANCO
ACQUA
SELVAGGIO

69 - Professions #1

```
D O F A R G O T R A C A M L
A U O G O L O C I S P E U Z
B A L L E R I N O T R A S E
B A N C H I E R E R C H I B
D E R E I L L E I O I G C E
N K F T P A L K R N S U I R
A K D N T I V P K O N N S O
M E D I C O A V U M T Q T T
G E O L O G O N O O G I A A
M A R I N A I O I C K E D N
I D R A U L I C O S A T C E
I N F E R M I E R A T T T L
C A C C I A T O R E D A O L
A M B A S C I A T O R E Z A
```

AMBASCIATORE
ASTRONOMO
AVVOCATO
BANCHIERE
CARTOGRAFO
ALLENATORE
BALLERINO
MEDICO
EDITORE
GEOLOGO

CACCIATORE
GIOIELLIERE
MUSICISTA
INFERMIERA
PIANISTA
IDRAULICO
PSICOLOGO
MARINAIO
SARTO

70 - Barbecues

```
C F T T R J I U G G U M C G
O A S L A S U N O B A T I I
L M G H F D H Z S U R L B O
T I A I L G I R G A S A O C
E G P R Z L K J T I L N Z H
L L F O V E R D U R E A X I
L I O D L O L Y Q D E K T H
I A R O L L C A L D O S L E
S Y C M J B O B A M B I N I
A O H O U R Y O I T L J H K
L U E P A M I C I M T X L W
E C T D N M U S I C A U Y E
M J T K E T A T S E B X R W
O J E A C Y F A M E Y I C F
```

POLLO
BAMBINI
CENA
FAMIGLIA
CIBO
FORCHETTE
AMICI
FRUTTA
GIOCHI
GRIGLIA
CALDO
FAME
COLTELLI
MUSICA
INSALATE
SALE
SALSA
ESTATE
POMODORI
VERDURE

71 - Chocolate

```
E T N A D I S S O I T N A Q
K C S O R E H C C U Z P T U
X A Q A Y O R A M A B Y T A
A R H C A C M S P J L W E L
R A M A R C K A R Y F Q C I
A M O C T O L O E B O J I T
C E Y M I C Y S F C U R R À
H L E A G I K O E S N P Q Z
I L S N I D E I R O L A C I
D A O G A E J Z I G U S T O
I N T I N C C I T W S N X E
T F I A A O Y L O S N O Y U
N M C R L N B E O L S L X G
Q K O E E P R D I D T C Z Z
```

ANTIOSSIDANTE
AROMA
ARTIGIANALE
AMARO
CACAO
CALORIE
CARAMELLA
NOCE DI COCCO
DELIZIOSO
ESOTICO
PREFERITO
ARACHIDI
QUALITÀ
RICETTA
ZUCCHERO
DOLCE
GUSTO
MANGIARE

72 - The Media

```
G A P E D U C A Z I O N E L
I O T N E M A I Z N A N I F
O H I T R A D I O Q I N T P
R F N I E N O I Z I D E T U
N J I W L G D C Y F T N A B
A Z G D A G G I I P A I F B
L N A W C O Z I G A M L S L
I L M Z O U W F A I J N K I
K U M W L R M I R M T O N C
O P I N I O N E H E E A I O
P U B B L I C I T À N L P
I N D I V I D U A L E E T E
C O M M E R C I A L E D E I
I N D U S T R I A U J P S B
```

PUBBLICITÀ
ATTEGGIAMENTI
COMMERCIALE
DIGITALE
EDIZIONE
EDUCAZIONE
FATTI
FINANZIAMENTO
IMMAGINI
INDIVIDUALE
INDUSTRIA
LOCALE
RETE
GIORNALI
ONLINE
OPINIONE
PUBBLICO
RADIO

73 - Boats

```
B Y S N O E M U I F D M A H
J A L T I N O A A O O A W O
P L R H G G D T R T C R X Y
B O A C G N C B L E K I E M
C A M A A O C I T U A N K T
A N Y Y P A L L O E X A A R
N C M B I R V O A S B I Y A
O O S M U G I E W G L O A G
A R P S Q N C R L C O M K H
A A G S E X O O D A N A F E
A L B E R O R T Z L A R U T
D R Z G Z X D O U I E E C T
C L I Q Q O A M L J C S O O
Z A T T E R A C G E O U F A
```

ANCORA
BOA
CANOA
EQUIPAGGIO
DOCK
MOTORE
TRAGHETTO
KAYAK
LAGO
ALBERO

NAUTICO
OCEANO
ZATTERA
FIUME
CORDA
BARCA A VELA
MARINAIO
MARE
MAREA
YACHT

74 - Activities and Leisure

```
H O I G G A I V T E N N I S
K I P J E N O I S R E M M I
X G S F T N I A B K X G M B
Y G C D N U C X A T O A A A
P E S C A O L J S K B K R S
I P L Q S T A N K I I M T E
X M F A S O C Y E Z C A E B
I A C D A U B B T Q S R D A
X C Z P L C W B W H J U D L
D G G N I P P O H S F T R L
U L G P R C X H F H F T N F
E S C U R S I O N I Y I E L
K K A O L O V A L L A P F O
A A O I G G A N I D R A I G
```

ARTE
BASEBALL
BASKET
BOXE
CAMPEGGIO
IMMERSIONE
PESCA
GIARDINAGGIO
GOLF
ESCURSIONI

HOBBY
PITTURA
RILASSANTE
SHOPPING
CALCIO
SURF
NUOTO
TENNIS
VIAGGIO
PALLAVOLO

75 - Driving

```
I N E R F F O G A R A G E F
N A M M A P P A D A R T S A
C L F C Z S I C U R E Z Z A
I M D D N O I M A C K O G D
D G P A E P E R I C O L O I
E A E L C T X D H F Q T D I
N S A G I P G D A L D Q O O
T S A U L P O L I Z I A S M
E A D À T I C O L E V D R U
G H U O C I F F A R T M F W
O X E T O E S J Z O E R N T
Y U X W O E W T K T Y F H Y
P E D O N A L E A O N T J Q
T U N N E L D L X M O C B B
```

INCIDENTE
FRENI
AUTO
PERICOLO
AUTISTA
GARAGE
GAS
LICENZA
MAPPA
MOTORE

MOTO
PEDONALE
POLIZIA
STRADA
SICUREZZA
VELOCITÀ
TRAFFICO
CAMION
TUNNEL

76 - Professions #2

```
A S T R O N A U T A I F P D
D T C H I R U R G O N I I E
T G S Z O O L O G O S L T T
Y I C I G J T I M U E O T E
A O X G T L J B O O G S O C
W U G X K N H R Z G N O R T
P I L O T A E Q N O A F E I
M E D I C O K D Z L N O L V
L O O R O F A R G O T O F E
L I N G U I S T A I E E T Y
I N G E G N E R E B N L L H
I L L U S T R A T O R E C Z
G I O R N A L I S T A U M P
I N V E N T O R E C E L M P
```

ASTRONAUTA
BIOLOGO
DENTISTA
DETECTIVE
INGEGNERE
ILLUSTRATORE
INVENTORE
GIORNALISTA
LINGUISTA

PITTORE
FILOSOFO
FOTOGRAFO
MEDICO
PILOTA
CHIRURGO
INSEGNANTE
ZOOLOGO

77 - Emotions

```
S D I G A O T A R G C S B B
O I W I N T E I D G O O E Y
R F B O C A N T N C N D A S
P T E I J Z E A H L T D T B
R Y K A S Z R P Z S E I I G
E C A P M A E M P G N S T E
S Q I C X R Z I A T U F U N
A L O H M A Z S U M T A D T
X X N I J B A E R T O T I I
C A L M A M I N A Z S T N L
U O T A T I C C E O H O E E
K H O F T R I S T E Z Z A Z
W K P R A B B I A M M S N Z
R I L I E V O A M O R E E A
```

RABBIA
BEATITUDINE
NOIA
CALMA
CONTENUTO
IMBARAZZATO
ECCITATO
PAURA
GRATO
GIOIA
GENTILEZZA
AMORE
PACE
RILIEVO
TRISTEZZA
SODDISFATTO
SORPRESA
SIMPATIA
TENEREZZA

78 - Mythology

```
A R C H E T I P O R T S O M
A P A R A D I S O W L N Q N
O T N E M A T R O P M O C G
C U L T U R A U E P U Y D O
V H K K B G F Y O R K M I B
E A R U T A E R C N O D V F
N A Z E O K N L F O E I U
D A W L E Z B Y O C L N N L
E Y P A D N G G Q S T G I M
T O R T S A S I D U I D T I
T W C R E A Z I O N E A À N
A D O O L E G G E N D A F E
L J X M L A B I R I N T O W
I M M O R T A L I T À L I H
```

ARCHETIPO
COMPORTAMENTO
CREAZIONE
CREATURA
CULTURA
DIVINITÀ
DISASTRO
PARADISO
EROE

IMMORTALITÀ
GELOSIA
LABIRINTO
LEGGENDA
FULMINE
MOSTRO
MORTALE
VENDETTA
TUONO

79 - Hair Types

```
M O R B I D O G S J P E S O
A S S B J Z Y L H X P E P I
A B S E R I C C I O L I E M
W O T T U I C S A T J N S A
G R I G I O S H Y A O W S R
O E T C L D O I P I Y X O R
D N R Z Q N T O I C C I R O
I O D T S O T B T C B W E N
C H K U X I I R R E I Y N E
U S O W L B L E E R A N M I
L U N G O A E V C T N W J G
J C A L V O T E C N C Z X J
I P S S J D T O E I O F E J
W X F M U C O L O R A T O J
```

CALVO
NERO
BIONDO
INTRECCIATO
TRECCE
MARRONE
COLORATO
RICCIOLI
RICCIO
ASCIUTTO
GRIGIO
SANO
LUNGO
LUCIDO
BREVE
MORBIDO
SPESSORE
SOTTILE
ONDULATO
BIANCO

80 - Garden

```
R F U P K G O C I T R O P D
A B S O B G A C N A P T A B
S X M M O Q O R E B L A L W
T W I A C A M A A F T R A Z
R I O B T G G I T G L P Q G
E X T R T A R I Q I E T I V
L C E E E D D U A F I O R E
L N T X E C C A B R E W Q L
O A T L D I I C J H D G I S
G D U M Z L U N I N N I L U
T E R R A Z Z A T K K P N P
K L F L L R M D M O B U T O
T R A M P O L I N O S G H D
C E S P U G L I O N G A T S
```

PANCA
CESPUGLIO
RECINTO
FIORE
GARAGE
GIARDINO
ERBA
AMACA
TUBO
PRATO
FRUTTETO
STAGNO
PORTICO
RASTRELLO
PALA
TERRAZZA
TRAMPOLINO
ALBERO
VITE
ERBACCE

81 - Diplomacy

```
T G À T I R G E T N I L O C
Q C I V I C O T K G O A Y O
E A Q M K S L I G Y T C N O
S R A G U Y S C I A T I T P
I T O T M X M A U W I T G E
C S A T Q Z J A S Q L I K R
U A G C A Q W D T M F L U A
R A E R E I L G I S N O C Z
E A U Z N Y C C Z B O P Q I
Z T E N G F Q S I I C Y B O
Z O C Y I N I D A T T I C N
A G O V E R N O I B F Y Z E
S O L U Z I O N E M M E O F
R I S O L U Z I O N E A H A
```

CONSIGLIERE
AMBASCIATORE
CITTADINI
CIVICO
CONFLITTO
COOPERAZIONE
ETICA
GOVERNO
INTEGRITÀ
GIUSTIZIA
POLITICA
RISOLUZIONE
SICUREZZA
SOLUZIONE

82 - Countries #1

```
C P A N A M A M P O W C X D
L A G E N E S A O T T I G E
M A N T E I V E L E A R S I
T M S A A O Z Q O E X Z A X
T S A Y D Y R G N E E G L I
N F M A J A H N I J Z A E L
B I I I B G K N A K L Y U E
R I C N M A R O C C O P Z T
A T M A L R O M A N I A E T
S A O M R A I G E V R O N O
I L D R N A N G A P S I E N
L I O E Z J G D W O I R V I
E A K G G N H U I K S A G A
L I B I A J W A A A X Q R Q
```

BRASILE
CANADA
EGITTO
FINLANDIA
GERMANIA
IRAQ
ISRAELE
ITALIA
LETTONIA
LIBIA

MAROCCO
NICARAGUA
NORVEGIA
PANAMA
POLONIA
ROMANIA
SENEGAL
SPAGNA
VENEZUELA
VIETNAM

83 - Adjectives #1

```
S O T T I L E S E O B U Q L
X E T N A S E P E X Q S Y X
Y C I D E N T I C O C C K Y
R I G E N E R O S O K U M A
G L M A S S O L U T O R Z T
B E M P M L E N T O L O K T
B F C O O C I T A M O R A R
E E G W D R B G E F C S W A
T V L I Q E T I E L I T U E
B A F L D X R A C P T G Q N
P R R B O C H N N N O D T T
D G O N E S T O O T S M E E
A R T I S T I C O K E F P D
A M B I Z I O S O G C U U I
```

ASSOLUTO
AMBIZIOSO
AROMATICO
ARTISTICO
ATTRAENTE
BELLO
SCURO
ESOTICO
GENEROSO
FELICE

PESANTE
UTILE
ONESTO
IDENTICO
IMPORTANTE
MODERNO
GRAVE
LENTO
SOTTILE

84 - Rainforest

```
E Y F D O T T E P S I R Z B
R S O C I N A T O B Z Y K K
K Q L C H V C O M U N I T À
O J C L C X E U C C E L L I
N H U I S A H R Z J D D H K
I U G M U U Q I S K R K Z D
N R V A M G O J A I A S L I
S E K O A R U T A N T H E T
E S H I L A N F I B I À A K
T T T G G E I C E P S G J U
T A R U N M A M M I F E R I
I U T F U Q I N D I G E N O
P R B I I P R E Z I O S O B
P O E R G X B W D H K C K D
```

ANFIBI
UCCELLI
BOTANICO
CLIMA
NUVOLE
COMUNITÀ
DIVERSITÀ
INDIGENO
INSETTI
GIUNGLA
MAMMIFERI
MUSCHIO
NATURA
RIFUGIO
RISPETTO
RESTAURO
SPECIE
PREZIOSO

85 - Landscapes

```
C O L L I N A T F I U M E S
Y P N J P T L Y U N P R Y P
A N G A T N O M G N L K A I
J G B D E M S Y R G D F C A
M A R E D C I O O H I R I G
V L Y J U J O N T I D Y A G
U O N L L J G V T A U R I I
L S T P A P A A A C U T R A
C I M R P Y L L Y C S K Q O
A N U A E F R L A I S A O A
N E Z D C S H E G A R M A J
O P L Z W I E R G I P D O D
G E Y S E R X D N O Q L M D
I C E B E R G C A S C A T A
```

SPIAGGIA
GROTTA
DESERTO
GEYSER
GHIACCIAIO
COLLINA
ICEBERG
ISOLA
LAGO
MONTAGNA
OASI
OCEANO
PENISOLA
FIUME
MARE
PALUDE
TUNDRA
VALLE
VULCANO
CASCATA

86 - Plants

```
B C F H E C I D A R P F F E
O E O H T I D S Y R R I L N
T S G M N H W O B W H O O O
A P L A A T S E R O F R R I
N U I Q Z B G I O S C E A Z
I G A E Z B R I M E D E R A
C L M F I I A E A L X O N T
A I E O L Q T M Q R X Q Z E
C O L O I G A F B F D L S G
C D S U T C A C M Ù C I Q E
A L B E R O L E T S W L N V
B X B S E J W B E M Z L Q O
L G N C F P E T A L O T A W
K U Y M U S C H I O R X T C
```

BAMBÙ
FAGIOLO
BACCA
BOTANICA
CESPUGLIO
CACTUS
FERTILIZZANTE
FLORA
FIORE
FOGLIAME
FORESTA
GIARDINO
ERBA
EDERA
MUSCHIO
PETALO
RADICE
STELO
ALBERO
VEGETAZIONE

87 - Countries #2

```
U Z G U S O A L W P T O J D
C M M Y O C D O B M Z O X A
R U S P M I N A D U S R X N
A Z A Z A S A I R E G I N I
I A H G L S G H J M A U A M
N K Y Q I E U R A Y A O I A
A W Z B A M K J E I M K R R
R U S S I A Y E F C T E E C
G I A P P O N E L B I I B A
Y M I D O L A C I A M A I G
S U R K I A L B A N I A L H
L P I N T P A K I S T A N T
W A S C E E L I B A N O P Z
X P S O Z N J T Z D C G M H
```

ALBANIA
DANIMARCA
ETIOPIA
GRECIA
HAITI
GIAMAICA
GIAPPONE
LAOS
LIBANO
LIBERIA
MESSICO
NEPAL
NIGERIA
PAKISTAN
RUSSIA
SOMALIA
SUDAN
SIRIA
UGANDA
UCRAINA

88 - Ecology

```
S O P R A V V I V E N Z A G
L E N G A T N O M M Y N N F
P L F T C G P U N A S O U L
D I A I H N L H Z I R T A O
I B A Y O J B O X Y R J F R
V I S N M D N K B I A A L A
E N P C T A N R N A Z K M D
R E E O A E A B M O L N W J
S T C M T D T E K K W E H L
I S I U I U U R I S O R S E
T O E N B L R Y C L I M A M
À S N I A A A C Z C S Y R Q
J P M T H P N A T U R A L E
L G D À T I C C I S T P W I
```

CLIMA
COMUNITÀ
DIVERSITÀ
SICCITÀ
FAUNA
FLORA
GLOBALE
HABITAT
MARINO
PALUDE
MONTAGNE
NATURALE
NATURA
PIANTE
RISORSE
SPECIE
SOPRAVVIVENZA
SOSTENIBILE

89 - Adjectives #2

```
N A T U R A L E I F A N D R
S R T R L X H U N O U U E E
D A N F B J T S T R T O S S
F O L N M B A A E T E V C P
C A T A C S F S R E N O R O
R W M A T Y F C E T T G I N
E O C O T O A I S N I M T S
A L F N S O M U S A C B T A
T H Z A A O A T A G O B I B
I C T S R T T T N E A U V I
V H J Y X C O O T L X C O L
O J L L B G I G E E T J G E
O R G O G L I O S O D L A C
P R O D U T T I V O Q A Y M
```

AUTENTICO
CREATIVO
DESCRITTIVO
ASCIUTTO
ELEGANTE
FAMOSO
DOTATO
SANO
CALDO

AFFAMATO
INTERESSANTE
NATURALE
NUOVO
PRODUTTIVO
ORGOGLIOSO
RESPONSABILE
SALATO
FORTE

90 - Psychology

```
I  C  C  O  C  T  E  P  Z  J  P  J  Q  D
N  Y  L  À  T  L  A  E  R  O  N  I  I  H
F  L  I  S  G  O  N  N  N  T  E  G  O  A
A  V  N  U  C  T  U  S  N  N  P  O  K  F
N  A  I  B  E  N  O  I  Z  E  C  R  E  P
Z  L  C  C  N  E  E  E  S  M  C  E  N  P
I  U  O  O  M  D  R  O  A  O  M  O  R  R
A  T  S  N  I  A  I  I  G  T  N  O  I  O
I  A  G  S  Z  T  I  O  N  R  F  Z  Z  B
P  Z  K  C  A  N  K  N  I  O  L  I  I  L
A  I  A  I  S  U  M  C  H  P  I  O  N  E
R  O  I  O  N  P  U  I  U  M  T  N  G  M
E  N  N  W  E  P  W  E  B  O  T  I  O  A
T  E  C  C  S  A  G  G  R  C  O  W  C  J
```

APPUNTAMENTO
VALUTAZIONE
COMPORTAMENTO
INFANZIA
CLINICO
COGNIZIONE
CONFLITTO
SOGNI
EGO

EMOZIONI
IDEE
PERCEZIONE
PROBLEMA
REALTÀ
SENSAZIONE
SUBCONSCIO
TERAPIA
PENSIERI

91 - Math

```
S I M M E T R I A C D K I C
D A E N O I Z A U Q E A O M
R I L H Z O P Z K T Z I S E
E Z V W W U R N E Q Y R Z B
T O H I B R X E L A S T K L
T R M L S P A R A L L E L O
A T A O P I R E M V I M Q R
N E D G Y W O F I O R O A T
G M G N G Q P N C L W E N E
O I S A H I Y O E U A G U M
L R K Z L C O C D M Y M M A
O E N O I Z A R F E U E E I
J P N O N O G I L O P T R D
F Z F R O X E C P M S L I I
```

ANGOLI
CIRCONFERENZA
DECIMALE
DIAMETRO
DIVISIONE
EQUAZIONE
FRAZIONE
GEOMETRIA
NUMERI
PARALLELO
PERIMETRO
POLIGONO
RAGGIO
RETTANGOLO
SIMMETRIA
VOLUME

92 - Activities

```
F C E R A M I C A X N U C E
C O T A N A I G I T R A Q S
U À T C A M P E G G I O E C
C T A O I N T E R E S S I U
I I B X G E D L L I F W H R
R V J S D R D A N Z A H C S
E I P J X E A I C C A C O I
S T E H S C C F F B R K I O
Q T Y D A A S B I G U Z G N
M A G I A I E G Q A T M R I
A R T E R P P Y M K T T R X
S O R E B I L O P M E T G I
R O T N E M A S S A L I R S
G I A R D I N A G G I O F A
```

ATTIVITÀ
ARTE
CAMPEGGIO
CERAMICA
ARTIGIANATO
DANZA
PESCA
GIOCHI
GIARDINAGGIO
ESCURSIONI
CACCIA
INTERESSI
TEMPO LIBERO
MAGIA
FOTOGRAFIA
PIACERE
LETTURA
RILASSAMENTO
CUCIRE

93 - Business

```
D U F F I C I O C V C C D S
U I D L O S B J X E F O L Y
U À P S W G U P W N A S N P
X T R E G A N A M D B T B R
F E B U N T Y T U I B O I O
S I Y Q E D A A E T R Q L F
S C O N T O E S O A I L A I
F O T M I C Z N S D C P N T
I S I E L N T M T E A O C T
N X D R M K T T L E U D I O
A E D C C A R R I E R A O N
N E E E N E G O Z I O Z P L
Z Y R E C O N O M I A I X F
A S L H B E Z P V A L U T A
```

BILANCIO
CARRIERA
SOCIETÀ
COSTO
VALUTA
SCONTO
ECONOMIA
DIPENDENTE
FABBRICA
FINANZA
REDDITO
MANAGER
MERCE
SOLDI
UFFICIO
PROFITTO
VENDITA
NEGOZIO
TASSE

94 - The Company

```
P  I  N  N  O  V  A  T  I  V  O  Z  T  N
R  I  J  E  N  O  I  Z  A  T  U  P  E  R
O  S  S  E  R  G  O  R  P  P  S  S  N  B
F  K  À  G  E  N  E  R  A  R  E  O  D  U
E  A  T  E  L  A  B  O  L  G  K  C  E  G
S  D  I  S  R  E  D  D  I  T  O  C  N  I
S  E  L  R  Z  G  D  P  U  C  Q  U  Z  Q
I  C  I  O  T  T  O  D  O  R  P  P  E  U
O  I  B  S  D  S  D  T  I  I  A  A  U  A
N  S  I  I  D  W  U  D  L  S  F  Z  N  L
A  I  S  R  G  K  G  D  Q  C  R  I  I  I
L  O  S  D  G  Q  Y  U  N  H  L  O  T  T
E  N  O  W  E  C  Y  Q  C  I  Z  N  À  À
T  E  P  C  R  E  A  T  I  V  O  E  A  L
```

CREATIVO
DECISIONE
OCCUPAZIONE
GLOBALE
INDUSTRIA
INNOVATIVO
POSSIBILITÀ
PRODOTTO
PROFESSIONALE
PROGRESSO
QUALITÀ
REPUTAZIONE
RISORSE
REDDITO
RISCHI
GENERARE
TENDENZE
UNITÀ

95 - Literature

```
K I R O M A N Z O O E W Q C
H I S I L A N A I S E O P O
A U T O R E N H C C B R D N
B B H T S Y I E B J M I O F
A N A L O G I A D L U O X R
T R A G E D I A L D J C L O
B I O G R A F I A Z O I O N
C O N C L U S I O N E T G T
M E T A F O R A T C N E O O
R I M A R I T M O E Z O L H
N A R R A T O R E D M P A R
P K D N S B S T I L E A I B
D W E N O I Z I R C S E D J
K N Y Q Y B F I N Z I O N E
```

ANALOGIA
ANALISI
ANEDDOTO
AUTORE
BIOGRAFIA
CONFRONTO
CONCLUSIONE
DESCRIZIONE
DIALOGO
FINZIONE

METAFORA
NARRATORE
ROMANZO
POESIA
POETICO
RIMA
RITMO
STILE
TEMA
TRAGEDIA

96 - Geography

```
F U A T E R R I T O R I O F
J M L L E M I S F E R O N I
B T L K T G R X G R I Z A U
M A P P A I A T L A N T E M
N X H S W Z T B C M Y T C E
C M Z M K N J U W B N B O Z
I I N P E Y Y I D I S O L A
T R H X M R X R U I T I M R
T Q A T N T I Z S P N K C E
À T P P D A I D O U A E N S
H S N W R U B U I X C E I E
R E G I O N E J M A K N S J
E V M O N T A G N A N O A E
C O N T I N E N T E J O O G
```

ALTITUDINE
ATLANTE
CITTÀ
CONTINENTE
PAESE
EMISFERO
ISOLA
MAPPA
MERIDIANO
MONTAGNA
NORD
OCEANO
REGIONE
FIUME
MARE
SUD
TERRITORIO
OVEST

97 - Pets

```
C O L L A R E E P M A Z O C
G U I N Z A G L I O U E T O
L G K I B D C J L B R C E O
U A O R H O P O T I L S C T
C T B B X C Q M C C O E I A
E T O O C C A P R A M P R F
R I H E X O L O I C C U C Z
T N D E P T N O S G T G L P
O O J G Z T S I A C Q U A L
L Z H I Q A J K G J N L P K
A W Z Y W G Z N S L C X F T
P A P P A G A L L O I A M G
V E T E R I N A R I O O N X
T A R T A R U G A F J L N E
```

GATTO
COLLARE
MUCCA
CANE
PESCE
CIBO
CAPRA
CRICETO
GATTINO
GUINZAGLIO

LUCERTOLA
TOPO
PAPPAGALLO
ZAMPE
CUCCIOLO
CONIGLIO
CODA
TARTARUGA
VETERINARIO
ACQUA

98 - Jazz

```
I X K J P C A N Z O N E L W
J N J O T R E C N O C Z O U
G O I C T D E E N F A S I A
M S O U Z A N F B I S N H R
U U O G A L D U E K H R C T
B A T T E R I A O R O F C I
L L N J R K W N Z V I W E S
A P E J E L I T S Y O T V T
M P L M N E D E O A H R I A
E A A P E Q Y S X S P I A E
N R T N G D C H T C O T O Z
O R C H E S T R A R G M T I
C O M P O S I T O R E O A X
C O M P O S I Z I O N E J F
```

ALBUM
APPLAUSO
ARTISTA
COMPOSITORE
COMPOSIZIONE
CONCERTO
BATTERIA
ENFASI
FAMOSO
PREFERITI
GENERE
NUOVO
VECCHIO
ORCHESTRA
RITMO
CANZONE
STILE
TALENTO

99 - Nature

```
Y Z F E I Z R F L B Q M L I
E U I T L K V O C I T R A G
N Z U Q A N I G D F Z U T H
O S M U M T T L I O O D I I
I T E Z I P A I N R A G F A
S E R E N O L A A E Z S P C
O L R E A Q E M M S Z A M C
R O B U S D G E I T E N O I
E V N W O E B K C A L T N A
Y U Q B G K D Q O I L U T I
Q N S C O G L I E R E A A O
T R O P I C A L E J B R G Y
N E B B I A W P A P I I N Q
S E L V A G G I O P N O E Q
```

ANIMALI
ARTICO
BELLEZZA
API
SCOGLIERE
NUVOLE
DESERTO
DINAMICO
EROSIONE
NEBBIA

FOGLIAME
FORESTA
GHIACCIAIO
MONTAGNE
FIUME
SANTUARIO
SERENO
TROPICALE
VITALE
SELVAGGIO

100 - Electricity

```
L A M P A D I N A K Q M P C
G E N E R A T O R E L A R O
R C U T K K O V I T A G E N
T E L E V I S I O N E N S S
R T S X E X Q M O Q A E A E
E E M A I R E T T A B T D R
K R H O L S T I L I F E A V
A R U T A Z Z E R T T A P A
Q U A N T I T À L T B A M Z
C M L O C I R T T E L E A I
A Y G Q I Q X U A G F N L O
V M S A Z E O T R G N O W N
O Z K O V I T I S O P O N E
E L E T T R I C I S T A A O
```

BATTERIA
LAMPADINA
CAVO
ELETTRICO
ELETTRICISTA
ATTREZZATURA
GENERATORE
LAMPADA
LASER
MAGNETE
NEGATIVO
RETE
OGGETTI
POSITIVO
QUANTITÀ
PRESA
CONSERVAZIONE
TELEFONO
TELEVISIONE
FILI

1 - Antiques

2 - Food #1

3 - Measurements

4 - Farm #2

5 - Books

6 - Meditation

7 - Days and Months

8 - Energy

9 - Chess

10 - Archeology

11 - Food #2

12 - Chemistry

13 - Music
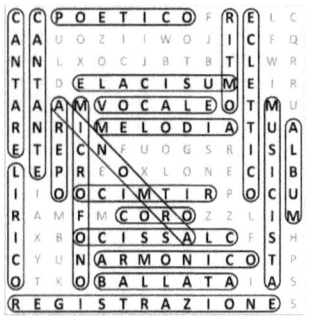

14 - Family
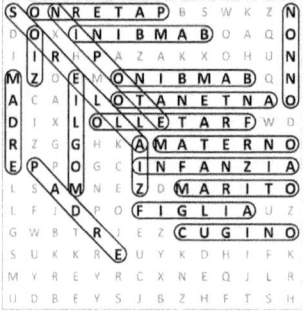

15 - Farm #1
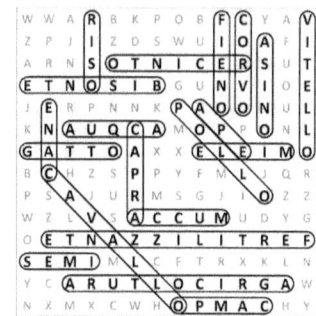

16 - Camping
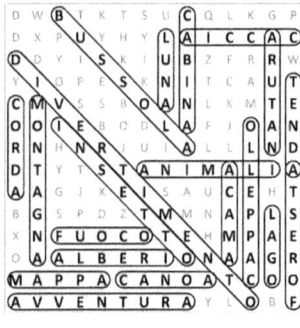

17 - Algebra
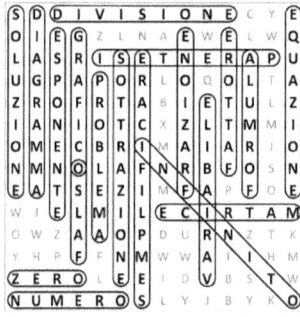

18 - Numbers
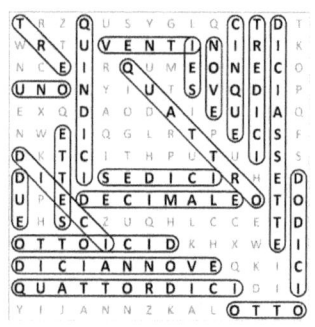

19 - Spices
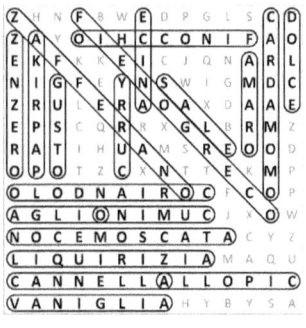

20 - Mammals
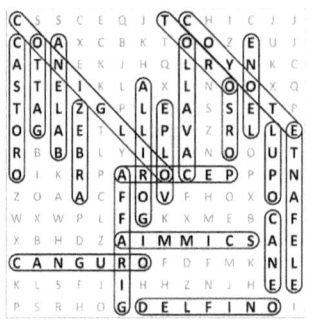

21 - Restaurant #1
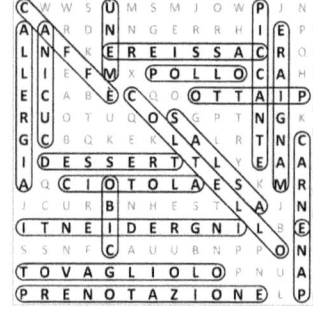

22 - Bees
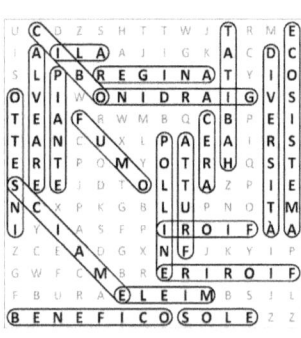

23 - Adventure
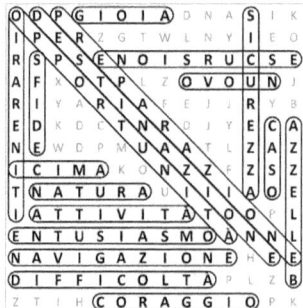

24 - Sport
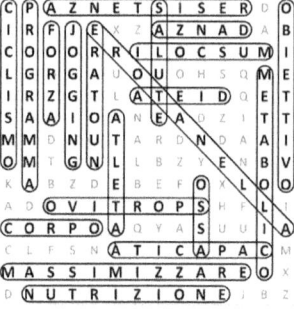

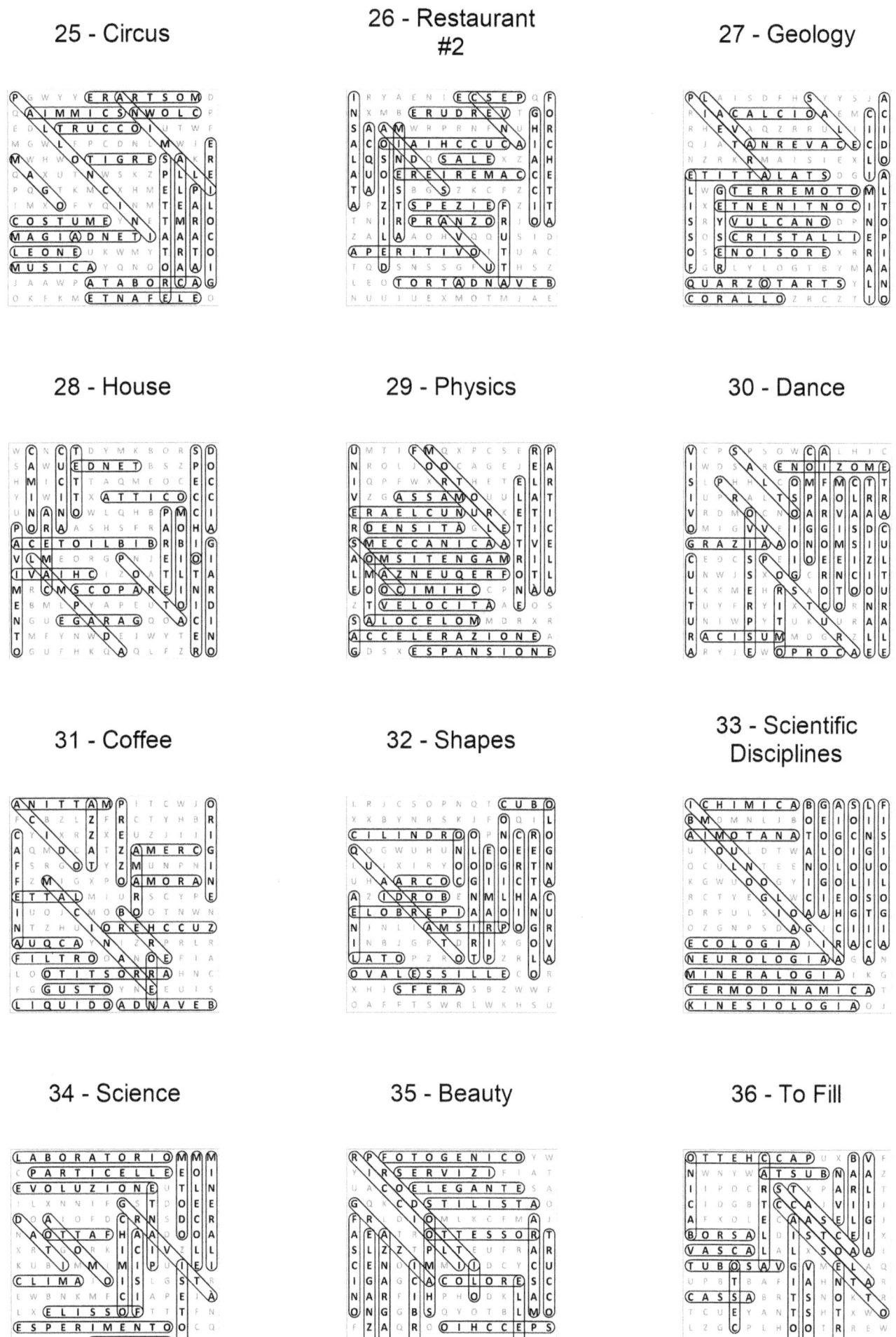

37 - Clothes
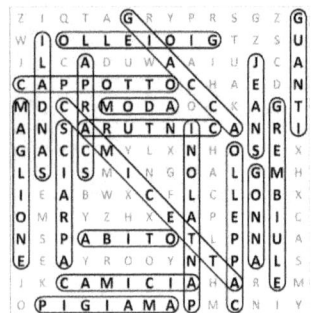

38 - Ethics

39 - Insects
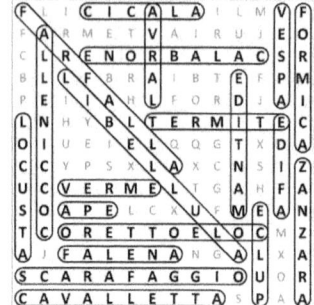

40 - Astronomy
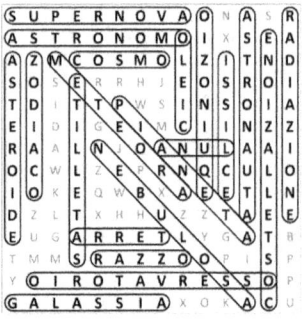

41 - Health and Wellness #2
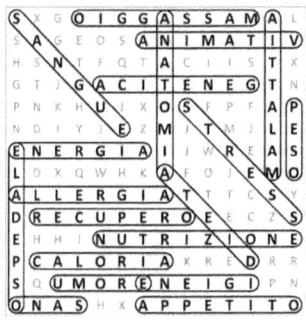

42 - Time
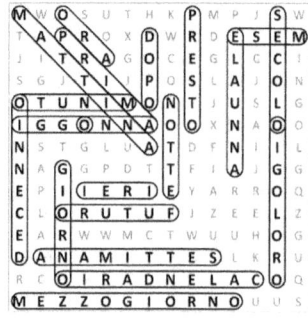

43 - Buildings
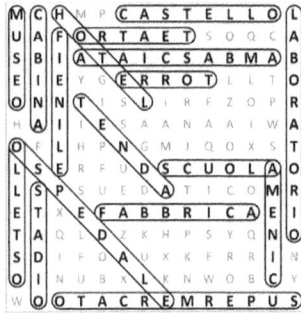

44 - Philanthropy
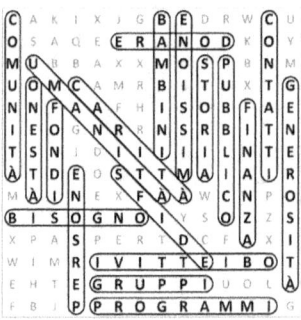

45 - Gardening
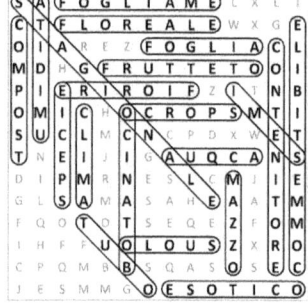

46 - Herbalism
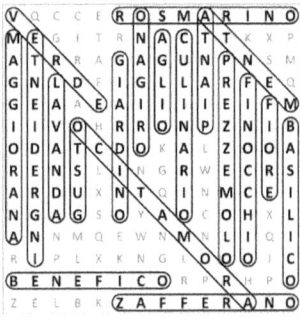

47 - Flowers
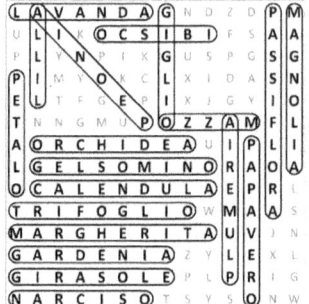

48 - Health and Wellness #1
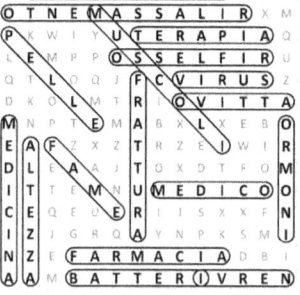

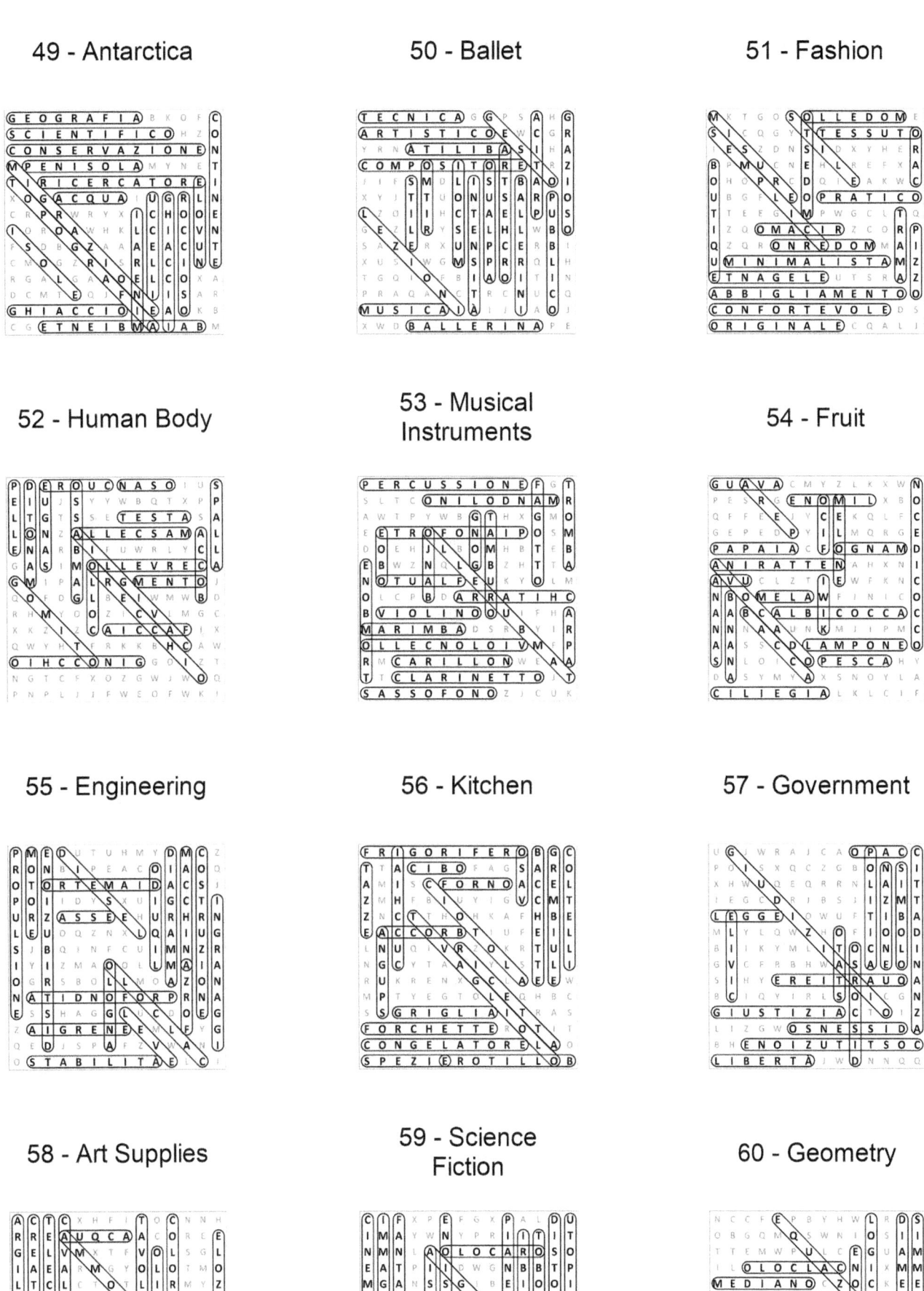

61 - Creativity

62 - Airplanes

63 - Ocean

64 - Force and Gravity

65 - Birds

66 - Art

67 - Nutrition

68 - Hiking

69 - Professions #1

70 - Barbecues

71 - Chocolate

72 - The Media

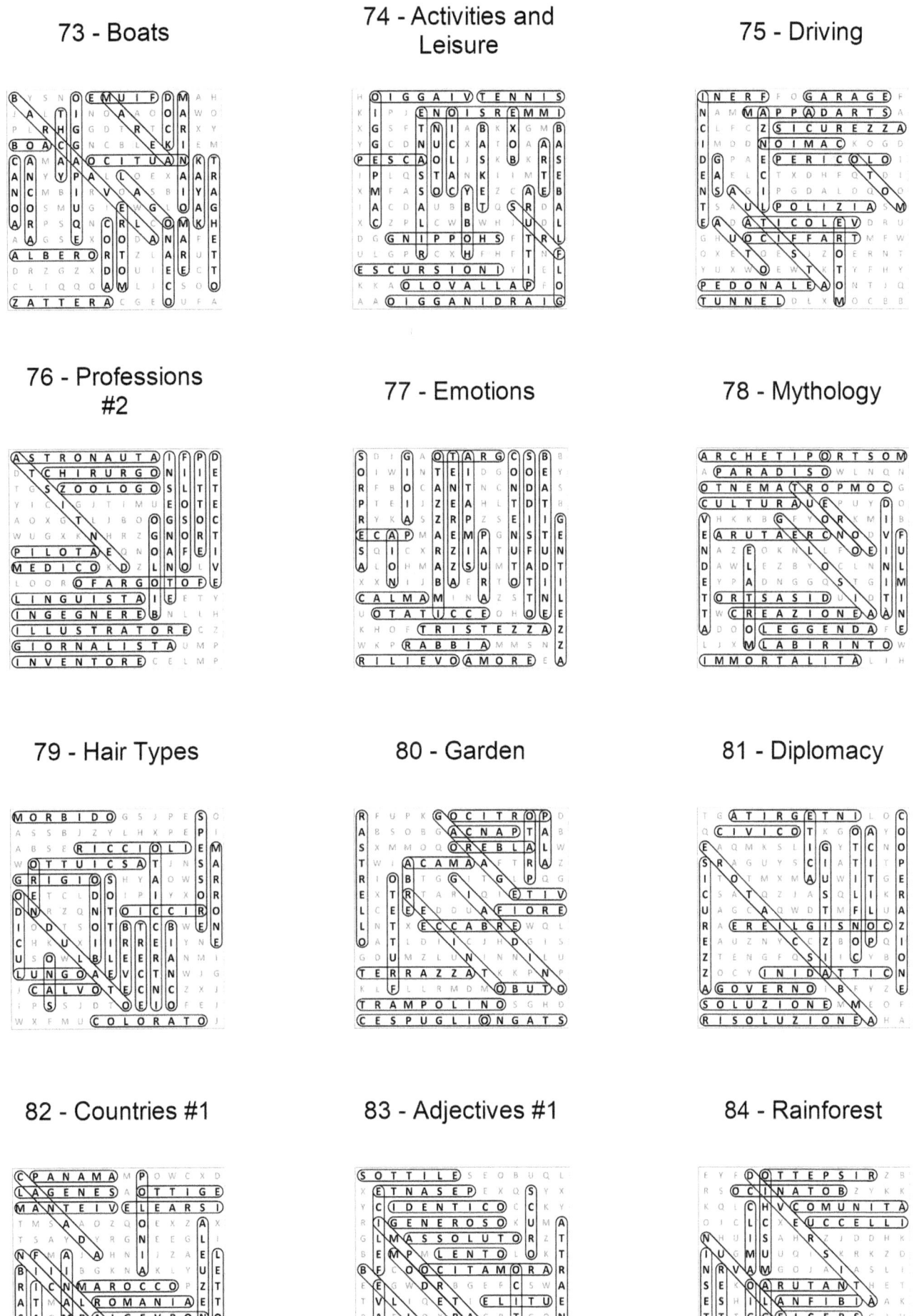

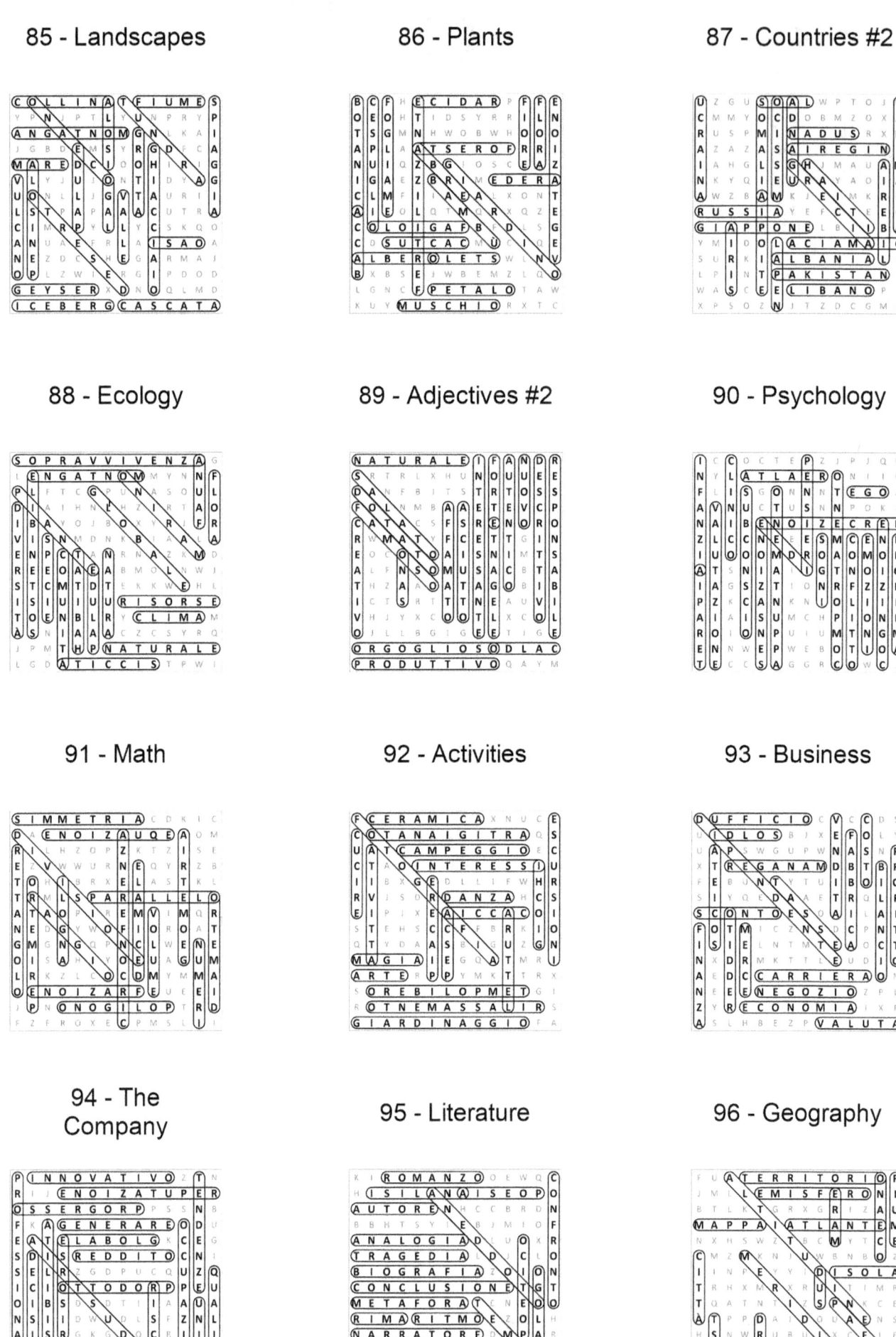

97 - Pets

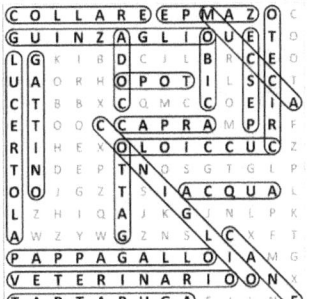

98 - Jazz

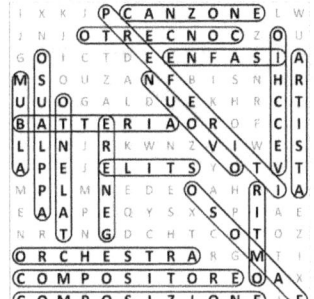

99 - Nature

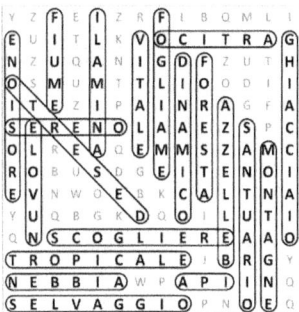

100 - Electricity

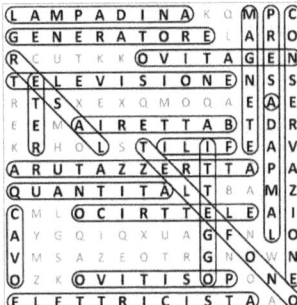

Dictionary

Activities
Attività

Activity	Attività
Art	Arte
Camping	Campeggio
Ceramics	Ceramica
Crafts	Artigianato
Dancing	Danza
Fishing	Pesca
Games	Giochi
Gardening	Giardinaggio
Hiking	Escursioni
Hunting	Caccia
Interests	Interessi
Leisure	Tempo Libero
Magic	Magia
Photography	Fotografia
Pleasure	Piacere
Reading	Lettura
Relaxation	Rilassamento
Sewing	Cucire
Skill	Abilità

Activities and Leisure
Attività e Tempo Libero

Art	Arte
Baseball	Baseball
Basketball	Basket
Boxing	Boxe
Camping	Campeggio
Diving	Immersione
Fishing	Pesca
Gardening	Giardinaggio
Golf	Golf
Hiking	Escursioni
Hobbies	Hobby
Painting	Pittura
Relaxing	Rilassante
Shopping	Shopping
Soccer	Calcio
Surfing	Surf
Swimming	Nuoto
Tennis	Tennis
Travel	Viaggio
Volleyball	Pallavolo

Adjectives #1
Aggettivi #1

Absolute	Assoluto
Ambitious	Ambizioso
Aromatic	Aromatico
Artistic	Artistico
Attractive	Attraente
Beautiful	Bello
Dark	Scuro
Exotic	Esotico
Generous	Generoso
Happy	Felice
Heavy	Pesante
Helpful	Utile
Honest	Onesto
Identical	Identico
Important	Importante
Modern	Moderno
Serious	Grave
Slow	Lento
Thin	Sottile
Valuable	Prezioso

Adjectives #2
Aggettivi #2

Authentic	Autentico
Creative	Creativo
Descriptive	Descrittivo
Dry	Asciutto
Elegant	Elegante
Famous	Famoso
Gifted	Dotato
Healthy	Sano
Hot	Caldo
Hungry	Affamato
Interesting	Interessante
Natural	Naturale
New	Nuovo
Productive	Produttivo
Proud	Orgoglioso
Responsible	Responsabile
Salty	Salato
Sleepy	Assonnato
Strong	Forte
Wild	Selvaggio

Adventure
Avventura

Activity	Attività
Beauty	Bellezza
Bravery	Coraggio
Challenges	Sfide
Chance	Caso
Dangerous	Pericoloso
Destination	Destinazione
Difficulty	Difficoltà
Enthusiasm	Entusiasmo
Excursion	Escursione
Friends	Amici
Itinerary	Itinerario
Joy	Gioia
Nature	Natura
Navigation	Navigazione
New	Nuovo
Opportunity	Opportunità
Preparation	Preparazione
Safety	Sicurezza
Unusual	Insolito

Airplanes
Aeroplani

Adventure	Avventura
Air	Aria
Altitude	Altitudine
Atmosphere	Atmosfera
Balloon	Palloncino
Construction	Costruzione
Crew	Equipaggio
Descent	Discesa
Design	Design
Engine	Motore
Fuel	Carburante
Height	Altezza
History	Storia
Hydrogen	Idrogeno
Landing	Atterraggio
Passenger	Passeggero
Pilot	Pilota
Propellers	Eliche
Sky	Cielo
Turbulence	Turbolenza

Algebra
Algebra

Diagram	Diagramma
Division	Divisione
Equation	Equazione
Exponent	Esponente
Factor	Fattore
False	Falso
Formula	Formula
Fraction	Frazione
Graph	Grafico
Infinite	Infinito
Linear	Lineare
Matrix	Matrice
Number	Numero
Parenthesis	Parentesi
Problem	Problema
Simplify	Semplificare
Solution	Soluzione
Subtraction	Sottrazione
Variable	Variabile
Zero	Zero

Antarctica
Antartide

Bay	Baia
Birds	Uccelli
Clouds	Nuvole
Conservation	Conservazione
Continent	Continente
Environment	Ambiente
Expedition	Spedizione
Geography	Geografia
Glaciers	Ghiacciai
Ice	Ghiaccio
Islands	Isole
Migration	Migrazione
Minerals	Minerali
Peninsula	Penisola
Researcher	Ricercatore
Rocky	Roccioso
Scientific	Scientifico
Temperature	Temperatura
Topography	Topografia
Water	Acqua

Antiques
Antiquariato

Art	Arte
Auction	Asta
Authentic	Autentico
Century	Secolo
Coins	Monete
Decades	Decenni
Decorative	Decorativo
Elegant	Elegante
Furniture	Mobilio
Gallery	Galleria
Investment	Investimento
Jewelry	Gioiello
Old	Vecchio
Price	Prezzo
Quality	Qualità
Restoration	Restauro
Sculpture	Scultura
Style	Stile
To Sell	Vendere
Unusual	Insolito

Archeology
Archeologia

Analysis	Analisi
Ancient	Antico
Antiquity	Antichità
Bones	Ossa
Civilization	Civiltà
Descendant	Discendente
Era	Era
Evaluation	Valutazione
Expert	Esperto
Findings	Risultati
Forgotten	Dimenticato
Fossil	Fossile
Mystery	Mistero
Objects	Oggetti
Relic	Reliquia
Researcher	Ricercatore
Team	Squadra
Temple	Tempio
Tomb	Tomba
Unknown	Sconosciuto

Art
Arte

Ceramic	Ceramica
Complex	Complesso
Composition	Composizione
Create	Creare
Expression	Espressione
Figure	Figura
Honest	Onesto
Inspired	Ispirato
Mood	Umore
Original	Originale
Paintings	Dipinti
Personal	Personale
Poetry	Poesia
Portray	Ritrarre
Sculpture	Scultura
Simple	Semplice
Subject	Soggetto
Surrealism	Surrealismo
Symbol	Simbolo
Visual	Visivo

Art Supplies
Forniture Artistiche

Acrylic	Acrilico
Brushes	Spazzole
Camera	Telecamera
Chair	Sedia
Charcoal	Carbone
Clay	Argilla
Colors	Colori
Creativity	Creatività
Easel	Cavalletto
Eraser	Gomma
Glue	Colla
Ideas	Idee
Ink	Inchiostro
Oil	Olio
Paints	Vernici
Paper	Carta
Pencils	Matite
Table	Tavolo
Water	Acqua
Watercolors	Acquerelli

Astronomy
Astronomia

Asteroid	Asteroide
Astronaut	Astronauta
Astronomer	Astronomo
Constellation	Costellazione
Cosmos	Cosmo
Earth	Terra
Eclipse	Eclissi
Equinox	Equinozio
Galaxy	Galassia
Meteor	Meteora
Moon	Luna
Nebula	Nebulosa
Observatory	Osservatorio
Planet	Pianeta
Radiation	Radiazione
Rocket	Razzo
Satellite	Satellite
Sky	Cielo
Supernova	Supernova
Zodiac	Zodiaco

Ballet
Balletto

Applause	Applauso
Artistic	Artistico
Audience	Pubblico
Ballerina	Ballerina
Choreography	Coreografia
Composer	Compositore
Dancers	Ballerini
Expressive	Espressivo
Gesture	Gesto
Graceful	Grazioso
Intensity	Intensità
Lessons	Lezioni
Muscles	Muscoli
Music	Musica
Orchestra	Orchestra
Practice	Pratica
Rhythm	Ritmo
Skill	Abilità
Style	Stile
Technique	Tecnica

Barbecues
Barbecue

Chicken	Pollo
Children	Bambini
Dinner	Cena
Family	Famiglia
Food	Cibo
Forks	Forchette
Friends	Amici
Fruit	Frutta
Games	Giochi
Grill	Griglia
Hot	Caldo
Hunger	Fame
Knives	Coltelli
Music	Musica
Salads	Insalate
Salt	Sale
Sauce	Salsa
Summer	Estate
Tomatoes	Pomodori
Vegetables	Verdure

Beauty
Bellezza

Charm	Fascino
Color	Colore
Cosmetics	Cosmetici
Curls	Riccioli
Elegance	Eleganza
Elegant	Elegante
Fragrance	Fragranza
Grace	Grazia
Lipstick	Rossetto
Makeup	Trucco
Mascara	Mascara
Mirror	Specchio
Oils	Oli
Photogenic	Fotogenico
Products	Prodotti
Scissors	Forbici
Services	Servizi
Shampoo	Shampoo
Skin	Pelle
Stylist	Stilista

Bees
Api

Beneficial	Benefico
Blossom	Fiorire
Diversity	Diversità
Ecosystem	Ecosistema
Flowers	Fiori
Food	Cibo
Fruit	Frutta
Garden	Giardino
Habitat	Habitat
Hive	Alveare
Honey	Miele
Insect	Insetto
Plants	Piante
Pollen	Polline
Queen	Regina
Smoke	Fumo
Sun	Sole
Swarm	Sciame
Wax	Cera
Wings	Ali

Birds
Uccelli

Canary	Canarino
Chicken	Pollo
Crow	Corvo
Cuckoo	Cuculo
Dove	Colomba
Duck	Anatra
Eagle	Aquila
Egg	Uovo
Flamingo	Fenicottero
Goose	Oca
Heron	Airone
Ostrich	Struzzo
Parrot	Pappagallo
Peacock	Pavone
Pelican	Pellicano
Penguin	Pinguino
Sparrow	Passero
Stork	Cicogna
Swan	Cigno
Toucan	Tucano

Boats
Imbarcazioni

Anchor	Ancora
Buoy	Boa
Canoe	Canoa
Crew	Equipaggio
Dock	Dock
Engine	Motore
Ferry	Traghetto
Kayak	Kayak
Lake	Lago
Mast	Albero
Nautical	Nautico
Ocean	Oceano
Raft	Zattera
River	Fiume
Rope	Corda
Sailboat	Barca a Vela
Sailor	Marinaio
Sea	Mare
Tide	Marea
Yacht	Yacht

Books
Libri

Adventure	Avventura
Author	Autore
Collection	Collezione
Context	Contesto
Duality	Dualità
Epic	Epico
Historical	Storico
Humorous	Umoristico
Inventive	Inventivo
Literary	Letterario
Narrator	Narratore
Novel	Romanzo
Page	Pagina
Poetry	Poesia
Reader	Lettore
Relevant	Rilevante
Series	Serie
Story	Storia
Tragic	Tragico
Written	Scritto

Buildings
Edifici

Apartment	Appartamento
Barn	Fienile
Cabin	Cabina
Castle	Castello
Cinema	Cinema
Embassy	Ambasciata
Factory	Fabbrica
Hospital	Ospedale
Hostel	Ostello
Hotel	Hotel
Laboratory	Laboratorio
Museum	Museo
Observatory	Osservatorio
School	Scuola
Stadium	Stadio
Supermarket	Supermercato
Tent	Tenda
Theater	Teatro
Tower	Torre
University	Università

Business
Attività Commerciale

Budget	Bilancio
Career	Carriera
Company	Società
Cost	Costo
Currency	Valuta
Discount	Sconto
Economics	Economia
Employee	Dipendente
Factory	Fabbrica
Finance	Finanza
Income	Reddito
Investment	Investimento
Manager	Manager
Merchandise	Merce
Money	Soldi
Office	Ufficio
Profit	Profitto
Sale	Vendita
Shop	Negozio
Taxes	Tasse

Camping
Campeggio

Adventure	Avventura
Animals	Animali
Cabin	Cabina
Canoe	Canoa
Compass	Bussola
Fire	Fuoco
Forest	Foresta
Fun	Divertimento
Hammock	Amaca
Hat	Cappello
Hunting	Caccia
Insect	Insetto
Lake	Lago
Map	Mappa
Moon	Luna
Mountain	Montagna
Nature	Natura
Rope	Corda
Tent	Tenda
Trees	Alberi

Chemistry
Chimica

Acid	Acido
Alkaline	Alcalino
Atomic	Atomico
Carbon	Carbonio
Catalyst	Catalizzatore
Chlorine	Cloro
Electron	Elettrone
Enzyme	Enzima
Gas	Gas
Heat	Calore
Hydrogen	Idrogeno
Ion	Ione
Liquid	Liquido
Molecule	Molecola
Nuclear	Nucleare
Organic	Organico
Oxygen	Ossigeno
Salt	Sale
Temperature	Temperatura
Weight	Peso

Chess
Scacchi

Black	Nero
Challenges	Sfide
Champion	Campione
Clever	Intelligente
Contest	Concorso
Diagonal	Diagonale
Game	Gioco
King	Re
Opponent	Avversario
Passive	Passivo
Player	Giocatore
Points	Punti
Queen	Regina
Rules	Regole
Sacrifice	Sacrificio
Strategy	Strategia
Time	Tempo
To Learn	Per Imparare
Tournament	Torneo
White	Bianco

Chocolate
Cioccolato

Antioxidant	Antiossidante
Aroma	Aroma
Artisanal	Artigianale
Bitter	Amaro
Cacao	Cacao
Calories	Calorie
Candy	Caramella
Caramel	Caramello
Coconut	Noce di Cocco
Delicious	Delizioso
Exotic	Esotico
Favorite	Preferito
Ingredient	Ingrediente
Peanuts	Arachidi
Quality	Qualità
Recipe	Ricetta
Sugar	Zucchero
Sweet	Dolce
Taste	Gusto
To Eat	Mangiare

Circus
Circo

Acrobat	Acrobata
Animals	Animali
Balloons	Palloncini
Candy	Caramella
Clown	Clown
Costume	Costume
Elephant	Elefante
Entertain	Intrattenere
Juggler	Giocoliere
Lion	Leone
Magic	Magia
Magician	Mago
Monkey	Scimmia
Music	Musica
Parade	Parata
Show	Mostrare
Spectator	Spettatore
Tent	Tenda
Tiger	Tigre
Trick	Trucco

Clothes
Vestiti

Apron	Grembiule
Belt	Cintura
Blouse	Camicetta
Bracelet	Braccialetto
Coat	Cappotto
Dress	Abito
Fashion	Moda
Gloves	Guanti
Hat	Cappello
Jacket	Giacca
Jeans	Jeans
Jewelry	Gioiello
Pajamas	Pigiama
Pants	Pantaloni
Sandals	Sandali
Scarf	Sciarpa
Shirt	Camicia
Shoe	Scarpa
Skirt	Gonna
Sweater	Maglione

Coffee
Caffè

Acidic	Acido
Aroma	Aroma
Beverage	Bevanda
Bitter	Amaro
Black	Nero
Caffeine	Caffeina
Cream	Crema
Cup	Tazza
Filter	Filtro
Flavor	Gusto
Grind	Macinare
Liquid	Liquido
Milk	Latte
Morning	Mattina
Origin	Origine
Price	Prezzo
Roasted	Arrostito
Sugar	Zucchero
To Drink	Bere
Water	Acqua

Countries #1
Paesi #1

Brazil	Brasile
Canada	Canada
Egypt	Egitto
Finland	Finlandia
Germany	Germania
Iraq	Iraq
Israel	Israele
Italy	Italia
Latvia	Lettonia
Libya	Libia
Morocco	Marocco
Nicaragua	Nicaragua
Norway	Norvegia
Panama	Panama
Poland	Polonia
Romania	Romania
Senegal	Senegal
Spain	Spagna
Venezuela	Venezuela
Vietnam	Vietnam

Countries #2
Paesi #2

Albania	Albania
Denmark	Danimarca
Ethiopia	Etiopia
Greece	Grecia
Haiti	Haiti
Jamaica	Giamaica
Japan	Giappone
Laos	Laos
Lebanon	Libano
Liberia	Liberia
Mexico	Messico
Nepal	Nepal
Nigeria	Nigeria
Pakistan	Pakistan
Russia	Russia
Somalia	Somalia
Sudan	Sudan
Syria	Siria
Uganda	Uganda
Ukraine	Ucraina

Creativity
Creatività

Artistic	Artistico
Authenticity	Autenticità
Clarity	Chiarezza
Dramatic	Drammatico
Emotions	Emozioni
Expression	Espressione
Fluidity	Fluidità
Ideas	Idee
Image	Immagine
Imagination	Immaginazione
Impression	Impressione
Inspiration	Ispirazione
Intensity	Intensità
Intuition	Intuizione
Inventive	Inventivo
Sensation	Sensazione
Skill	Abilità
Spontaneous	Spontaneo
Visions	Visioni
Vitality	Vitalità

Dance
Danza

Academy	Accademia
Art	Arte
Body	Corpo
Choreography	Coreografia
Classical	Classico
Cultural	Culturale
Culture	Cultura
Emotion	Emozione
Expressive	Espressivo
Grace	Grazia
Joyful	Gioioso
Jump	Salto
Movement	Movimento
Music	Musica
Partner	Compagno
Posture	Postura
Rehearsal	Prova
Rhythm	Ritmo
Traditional	Tradizionale
Visual	Visivo

Days and Months
Giorni e Mesi

April	Aprile
August	Agosto
Calendar	Calendario
February	Febbraio
Friday	Venerdì
January	Gennaio
July	Luglio
March	Marzo
Monday	Lunedì
Month	Mese
November	Novembre
October	Ottobre
Saturday	Sabato
September	Settembre
Sunday	Domenica
Thursday	Giovedì
Tuesday	Martedì
Wednesday	Mercoledì
Week	Settimana
Year	Anno

Diplomacy
Diplomazia

Adviser	Consigliere
Ambassador	Ambasciatore
Citizens	Cittadini
Civic	Civico
Community	Comunità
Conflict	Conflitto
Cooperation	Cooperazione
Diplomatic	Diplomatico
Discussion	Discussione
Embassy	Ambasciata
Ethics	Etica
Government	Governo
Humanitarian	Umanitario
Integrity	Integrità
Justice	Giustizia
Politics	Politica
Resolution	Risoluzione
Security	Sicurezza
Solution	Soluzione
Treaty	Trattato

Driving
Guida

Accident	Incidente
Brakes	Freni
Car	Auto
Danger	Pericolo
Driver	Autista
Fuel	Carburante
Garage	Garage
Gas	Gas
License	Licenza
Map	Mappa
Motor	Motore
Motorcycle	Moto
Pedestrian	Pedonale
Police	Polizia
Road	Strada
Safety	Sicurezza
Speed	Velocità
Traffic	Traffico
Truck	Camion
Tunnel	Tunnel

Ecology
Ecologia

Climate	Clima
Communities	Comunità
Diversity	Diversità
Drought	Siccità
Fauna	Fauna
Flora	Flora
Global	Globale
Habitat	Habitat
Marine	Marino
Marsh	Palude
Mountains	Montagne
Natural	Naturale
Nature	Natura
Plants	Piante
Resources	Risorse
Species	Specie
Survival	Sopravvivenza
Sustainable	Sostenibile
Vegetation	Vegetazione
Volunteers	Volontari

Electricity
Elettricità

Battery	Batteria
Bulb	Lampadina
Cable	Cavo
Electric	Elettrico
Electrician	Elettricista
Equipment	Attrezzatura
Generator	Generatore
Lamp	Lampada
Laser	Laser
Magnet	Magnete
Negative	Negativo
Network	Rete
Objects	Oggetti
Positive	Positivo
Quantity	Quantità
Socket	Presa
Storage	Conservazione
Telephone	Telefono
Television	Televisione
Wires	Fili

Emotions
Emozioni

Anger	Rabbia
Bliss	Beatitudine
Boredom	Noia
Calm	Calma
Content	Contenuto
Embarrassed	Imbarazzato
Excited	Eccitato
Fear	Paura
Grateful	Grato
Joy	Gioia
Kindness	Gentilezza
Love	Amore
Peace	Pace
Relief	Rilievo
Sadness	Tristezza
Satisfied	Soddisfatto
Surprise	Sorpresa
Sympathy	Simpatia
Tenderness	Tenerezza
Tranquility	Tranquillità

Energy
Energia

Battery	Batteria
Carbon	Carbonio
Diesel	Diesel
Electric	Elettrico
Electron	Elettrone
Entropy	Entropia
Environment	Ambiente
Fuel	Carburante
Gasoline	Benzina
Heat	Calore
Hydrogen	Idrogeno
Industry	Industria
Motor	Motore
Nuclear	Nucleare
Photon	Fotone
Pollution	Inquinamento
Renewable	Rinnovabile
Steam	Vapore
Turbine	Turbina
Wind	Vento

Engineering
Ingegneria

Angle	Angolo
Axis	Asse
Calculation	Calcolo
Construction	Costruzione
Depth	Profondità
Diagram	Diagramma
Diameter	Diametro
Diesel	Diesel
Distribution	Distribuzione
Energy	Energia
Gears	Ingranaggi
Levers	Leve
Liquid	Liquido
Machine	Macchina
Measurement	Misurazione
Motor	Motore
Propulsion	Propulsione
Stability	Stabilità
Strength	Forza
Structure	Struttura

Ethics
Etica

Altruism	Altruismo
Benevolent	Benevolo
Compassion	Compassione
Cooperation	Cooperazione
Dignity	Dignità
Diplomatic	Diplomatico
Honesty	Onestà
Humanity	Umanità
Integrity	Integrità
Kindness	Gentilezza
Optimism	Ottimismo
Patience	Pazienza
Philosophy	Filosofia
Rationality	Razionalità
Realism	Realismo
Reasonable	Ragionevole
Respectful	Rispettoso
Tolerance	Tolleranza
Values	Valori
Wisdom	Saggezza

Family
Famiglia

Ancestor	Antenato
Aunt	Zia
Brother	Fratello
Child	Bambino
Childhood	Infanzia
Children	Bambini
Cousin	Cugino
Daughter	Figlia
Father	Padre
Grandfather	Nonno
Grandson	Nipote
Husband	Marito
Maternal	Materno
Mother	Madre
Nephew	Nipote
Niece	Nipote
Paternal	Paterno
Sister	Sorella
Uncle	Zio
Wife	Moglie

Farm #1
Fattoria #1

Agriculture	Agricoltura
Bee	Ape
Bison	Bisonte
Calf	Vitello
Cat	Gatto
Chicken	Pollo
Cow	Mucca
Crow	Corvo
Dog	Cane
Donkey	Asino
Fence	Recinto
Fertilizer	Fertilizzante
Field	Campo
Goat	Capra
Hay	Fieno
Honey	Miele
Horse	Cavallo
Rice	Riso
Seeds	Semi
Water	Acqua

Farm #2
Fattoria #2

Animals	Animali
Barley	Orzo
Barn	Fienile
Corn	Mais
Duck	Anatra
Farmer	Agricoltore
Food	Cibo
Fruit	Frutta
Irrigation	Irrigazione
Lamb	Agnello
Llama	Lama
Meadow	Prato
Milk	Latte
Orchard	Frutteto
Sheep	Pecora
Shepherd	Pastore
To Grow	Crescere
Tractor	Trattore
Vegetable	Verdura
Wheat	Grano

Fashion
Moda

Boutique	Boutique
Buttons	Pulsanti
Clothing	Abbigliamento
Comfortable	Confortevole
Elegant	Elegante
Embroidery	Ricamo
Expensive	Caro
Fabric	Tessuto
Lace	Pizzo
Measurements	Misure
Minimalist	Minimalista
Modern	Moderno
Modest	Modesto
Original	Originale
Pattern	Modello
Practical	Pratico
Simple	Semplice
Style	Stile
Texture	Trama
Trend	Tendenza

Flowers
Fiori

Bouquet	Mazzo
Calendula	Calendula
Clover	Trifoglio
Daffodil	Narciso
Daisy	Margherita
Gardenia	Gardenia
Hibiscus	Ibisco
Jasmine	Gelsomino
Lavender	Lavanda
Lilac	Lilla
Lily	Giglio
Magnolia	Magnolia
Orchid	Orchidea
Passionflower	Passiflora
Peony	Peonia
Petal	Petalo
Plumeria	Plumeria
Poppy	Papavero
Sunflower	Girasole
Tulip	Tulipano

Food #1
Cibo #1

Apricot	Albicocca
Barley	Orzo
Basil	Basilico
Carrot	Carota
Cinnamon	Cannella
Garlic	Aglio
Juice	Succo
Lemon	Limone
Milk	Latte
Onion	Cipolla
Peanut	Arachidi
Pear	Pera
Salad	Insalata
Salt	Sale
Soup	Minestra
Spinach	Spinaci
Strawberry	Fragola
Sugar	Zucchero
Tuna	Tonno
Turnip	Rapa

Food #2
Cibo #2

Apple	Mela
Artichoke	Carciofo
Banana	Banana
Broccoli	Broccolo
Celery	Sedano
Cheese	Formaggio
Cherry	Ciliegia
Chicken	Pollo
Chocolate	Cioccolato
Egg	Uovo
Eggplant	Melanzana
Fish	Pesce
Grape	Uva
Ham	Prosciutto
Kiwi	Kiwi
Mushroom	Fungo
Rice	Riso
Tomato	Pomodoro
Wheat	Grano
Yogurt	Yogurt

Force and Gravity
Forza e Gravità

Axis	Asse
Center	Centro
Discovery	Scoperta
Distance	Distanza
Dynamic	Dinamico
Expansion	Espansione
Friction	Attrito
Impact	Impatto
Magnetism	Magnetismo
Mechanics	Meccanica
Orbit	Orbita
Physics	Fisica
Pressure	Pressione
Properties	Proprietà
Speed	Velocità
Time	Tempo
To Accelerate	Accelerare
To Generate	Generare
Universal	Universale
Weight	Peso

Fruit
Frutta

Apple	Mela
Apricot	Albicocca
Avocado	Avocado
Banana	Banana
Berry	Bacca
Cherry	Ciliegia
Coconut	Noce di Cocco
Fig	Fico
Grape	Uva
Guava	Guava
Kiwi	Kiwi
Lemon	Limone
Mango	Mango
Melon	Melone
Nectarine	Nettarina
Papaya	Papaia
Peach	Pesca
Pear	Pera
Pineapple	Ananas
Raspberry	Lampone

Garden
Giardino

Bench	Panca
Bush	Cespuglio
Fence	Recinto
Flower	Fiore
Garage	Garage
Garden	Giardino
Grass	Erba
Hammock	Amaca
Hose	Tubo
Lawn	Prato
Orchard	Frutteto
Pond	Stagno
Porch	Portico
Rake	Rastrello
Shovel	Pala
Terrace	Terrazza
Trampoline	Trampolino
Tree	Albero
Vine	Vite
Weeds	Erbacce

Gardening
Giardinaggio

Blossom	Fiorire
Botanical	Botanico
Bouquet	Mazzo
Climate	Clima
Compost	Compost
Container	Contenitore
Dirt	Sporco
Edible	Commestibile
Exotic	Esotico
Floral	Floreale
Foliage	Fogliame
Hose	Tubo
Leaf	Foglia
Moisture	Umidità
Orchard	Frutteto
Seasonal	Stagionale
Seeds	Semi
Soil	Suolo
Species	Specie
Water	Acqua

Geography
Geografia

Altitude	Altitudine
Atlas	Atlante
City	Città
Continent	Continente
Country	Paese
Hemisphere	Emisfero
Island	Isola
Latitude	Latitudine
Map	Mappa
Meridian	Meridiano
Mountain	Montagna
North	Nord
Ocean	Oceano
Region	Regione
River	Fiume
Sea	Mare
South	Sud
Territory	Territorio
West	Ovest
World	Mondo

Geology
Geologia

Acid	Acido
Calcium	Calcio
Cavern	Caverna
Continent	Continente
Coral	Corallo
Crystals	Cristalli
Cycles	Cicli
Earthquake	Terremoto
Erosion	Erosione
Fossil	Fossile
Geyser	Geyser
Lava	Lava
Layer	Strato
Minerals	Minerali
Plateau	Altopiano
Quartz	Quarzo
Salt	Sale
Stalactite	Stalattite
Stone	Pietra
Volcano	Vulcano

Geometry
Geometria

Angle	Angolo
Calculation	Calcolo
Circle	Cerchio
Curve	Curva
Diameter	Diametro
Dimension	Dimensione
Equation	Equazione
Height	Altezza
Horizontal	Orizzontale
Logic	Logica
Mass	Massa
Median	Mediano
Number	Numero
Parallel	Parallelo
Proportion	Proporzione
Segment	Segmento
Surface	Superficie
Symmetry	Simmetria
Theory	Teoria
Triangle	Triangolo

Government
Governo

Citizenship	Cittadinanza
Civil	Civile
Constitution	Costituzione
Democracy	Democrazia
Discussion	Discussione
Dissent	Dissenso
District	Quartiere
Equality	Uguaglianza
Independence	Indipendenza
Judicial	Giudiziario
Justice	Giustizia
Law	Legge
Leader	Capo
Liberty	Libertà
Monument	Monumento
Nation	Nazione
Politics	Politica
Speech	Discorso
State	Stato
Symbol	Simbolo

Hair Types
Tipi di Capelli

Bald	Calvo
Black	Nero
Blond	Biondo
Braided	Intrecciato
Braids	Trecce
Brown	Marrone
Colored	Colorato
Curls	Riccioli
Curly	Riccio
Dry	Asciutto
Gray	Grigio
Healthy	Sano
Long	Lungo
Shiny	Lucido
Short	Breve
Soft	Morbido
Thick	Spessore
Thin	Sottile
Wavy	Ondulato
White	Bianco

Health and Wellness #1
Salute e Benessere #1

Active	Attivo
Bacteria	Batteri
Bones	Ossa
Clinic	Clinica
Doctor	Medico
Fracture	Frattura
Habit	Abitudine
Height	Altezza
Hormones	Ormoni
Hunger	Fame
Medicine	Medicina
Muscles	Muscoli
Nerves	Nervi
Pharmacy	Farmacia
Reflex	Riflesso
Relaxation	Rilassamento
Skin	Pelle
Therapy	Terapia
Treatment	Trattamento
Virus	Virus

Health and Wellness #2
Salute e Benessere #2

Allergy	Allergia
Anatomy	Anatomia
Appetite	Appetito
Blood	Sangue
Calorie	Caloria
Diet	Dieta
Disease	Malattia
Energy	Energia
Genetics	Genetica
Healthy	Sano
Hospital	Ospedale
Hygiene	Igiene
Infection	Infezione
Massage	Massaggio
Mood	Umore
Nutrition	Nutrizione
Recovery	Recupero
Stress	Stress
Vitamin	Vitamina
Weight	Peso

Herbalism
Erboristeria

Aromatic	Aromatico
Basil	Basilico
Beneficial	Benefico
Culinary	Culinario
Fennel	Finocchio
Flavor	Gusto
Flower	Fiore
Garden	Giardino
Garlic	Aglio
Green	Verde
Ingredient	Ingrediente
Lavender	Lavanda
Marjoram	Maggiorana
Mint	Menta
Oregano	Origano
Parsley	Prezzemolo
Plant	Pianta
Rosemary	Rosmarino
Saffron	Zafferano
Tarragon	Dragoncello

Hiking
Escursionismo

Animals	Animali
Boots	Stivali
Camping	Campeggio
Cliff	Scogliera
Climate	Clima
Guides	Guide
Hazards	Pericoli
Heavy	Pesante
Map	Mappa
Mountain	Montagna
Nature	Natura
Orientation	Orientamento
Parks	Parchi
Preparation	Preparazione
Stones	Pietre
Summit	Vertice
Sun	Sole
Tired	Stanco
Water	Acqua
Wild	Selvaggio

House
Casa

Attic	Attico
Broom	Scopa
Curtains	Tende
Door	Porta
Fence	Recinto
Fireplace	Camino
Floor	Pavimento
Furniture	Mobilio
Garage	Garage
Garden	Giardino
Keys	Chiavi
Kitchen	Cucina
Lamp	Lampada
Library	Biblioteca
Mirror	Specchio
Roof	Tetto
Room	Camera
Shower	Doccia
Wall	Parete
Window	Finestra

Human Body
Corpo Umano

Ankle	Caviglia
Blood	Sangue
Bones	Ossa
Brain	Cervello
Chin	Mento
Ear	Orecchio
Elbow	Gomito
Face	Faccia
Finger	Dito
Hand	Mano
Head	Testa
Heart	Cuore
Jaw	Mascella
Knee	Ginocchio
Leg	Gamba
Mouth	Bocca
Neck	Collo
Nose	Naso
Shoulder	Spalla
Skin	Pelle

Insects
Insetti

Ant	Formica
Aphid	Afide
Bee	Ape
Beetle	Coleottero
Butterfly	Farfalla
Cicada	Cicala
Cockroach	Scarafaggio
Dragonfly	Libellula
Flea	Pulce
Grasshopper	Cavalletta
Hornet	Calabrone
Ladybug	Coccinella
Larva	Larva
Locust	Locusta
Mantis	Mantide
Mosquito	Zanzara
Moth	Falena
Termite	Termite
Wasp	Vespa
Worm	Verme

Jazz
Jazz

Album	Album
Applause	Applauso
Artist	Artista
Composer	Compositore
Composition	Composizione
Concert	Concerto
Drums	Batteria
Emphasis	Enfasi
Famous	Famoso
Favorites	Preferiti
Genre	Genere
Music	Musica
New	Nuovo
Old	Vecchio
Orchestra	Orchestra
Rhythm	Ritmo
Song	Canzone
Style	Stile
Talent	Talento
Technique	Tecnica

Kitchen
Cucina

Apron	Grembiule
Bowl	Ciotola
Chopsticks	Bacchette
Cups	Tazze
Food	Cibo
Forks	Forchette
Freezer	Congelatore
Grill	Griglia
Jar	Vaso
Jug	Brocca
Kettle	Bollitore
Knives	Coltelli
Napkin	Tovagliolo
Oven	Forno
Recipe	Ricetta
Refrigerator	Frigorifero
Spices	Spezie
Sponge	Spugna
Spoons	Cucchiai
To Eat	Mangiare

Landscapes
Paesaggi

Beach	Spiaggia
Cave	Grotta
Desert	Deserto
Geyser	Geyser
Glacier	Ghiacciaio
Hill	Collina
Iceberg	Iceberg
Island	Isola
Lake	Lago
Mountain	Montagna
Oasis	Oasi
Ocean	Oceano
Peninsula	Penisola
River	Fiume
Sea	Mare
Swamp	Palude
Tundra	Tundra
Valley	Valle
Volcano	Vulcano
Waterfall	Cascata

Literature
Letteratura

Analogy	Analogia
Analysis	Analisi
Anecdote	Aneddoto
Author	Autore
Biography	Biografia
Comparison	Confronto
Conclusion	Conclusione
Description	Descrizione
Dialogue	Dialogo
Fiction	Finzione
Metaphor	Metafora
Narrator	Narratore
Novel	Romanzo
Poem	Poesia
Poetic	Poetico
Rhyme	Rima
Rhythm	Ritmo
Style	Stile
Theme	Tema
Tragedy	Tragedia

Mammals
Mammiferi

Bear	Orso
Beaver	Castoro
Bull	Toro
Cat	Gatto
Coyote	Coyote
Dog	Cane
Dolphin	Delfino
Elephant	Elefante
Fox	Volpe
Giraffe	Giraffa
Gorilla	Gorilla
Horse	Cavallo
Kangaroo	Canguro
Lion	Leone
Monkey	Scimmia
Rabbit	Coniglio
Sheep	Pecora
Whale	Balena
Wolf	Lupo
Zebra	Zebra

Math
Matematica

Angles	Angoli
Arithmetic	Aritmetica
Circumference	Circonferenza
Decimal	Decimale
Diameter	Diametro
Division	Divisione
Equation	Equazione
Exponent	Esponente
Fraction	Frazione
Geometry	Geometria
Numbers	Numeri
Parallel	Parallelo
Perimeter	Perimetro
Polygon	Poligono
Radius	Raggio
Rectangle	Rettangolo
Square	Quadrato
Symmetry	Simmetria
Triangle	Triangolo
Volume	Volume

Measurements
Misurazioni

Byte	Byte
Centimeter	Centimetro
Decimal	Decimale
Degree	Grado
Depth	Profondità
Gram	Grammo
Height	Altezza
Inch	Pollice
Kilogram	Chilogrammo
Kilometer	Chilometro
Length	Lunghezza
Liter	Litro
Mass	Massa
Meter	Metro
Minute	Minuto
Ounce	Oncia
Ton	Tonnellata
Volume	Volume
Weight	Peso
Width	Larghezza

Meditation
Meditazione

Acceptance	Accettazione
Awake	Sveglio
Breathing	Respirazione
Calm	Calma
Clarity	Chiarezza
Compassion	Compassione
Emotions	Emozioni
Gratitude	Gratitudine
Habits	Abitudini
Kindness	Gentilezza
Mental	Mentale
Mind	Mente
Movement	Movimento
Music	Musica
Nature	Natura
Peace	Pace
Perspective	Prospettiva
Silence	Silenzio
Thoughts	Pensieri
To Learn	Per Imparare

Music
Musica

Album	Album
Ballad	Ballata
Chorus	Coro
Classical	Classico
Eclectic	Eclettico
Harmonic	Armonico
Harmony	Armonia
Lyrical	Lirico
Melody	Melodia
Microphone	Microfono
Musical	Musicale
Musician	Musicista
Opera	Opera
Poetic	Poetico
Recording	Registrazione
Rhythm	Ritmo
Rhythmic	Ritmico
Sing	Cantare
Singer	Cantante
Vocal	Vocale

Musical Instruments
Strumenti Musicali

Banjo	Banjo
Bassoon	Fagotto
Cello	Violoncello
Chimes	Carillon
Clarinet	Clarinetto
Drum	Tamburo
Flute	Flauto
Gong	Gong
Guitar	Chitarra
Harp	Arpa
Mandolin	Mandolino
Marimba	Marimba
Oboe	Oboe
Percussion	Percussione
Piano	Pianoforte
Saxophone	Sassofono
Tambourine	Tamburello
Trombone	Trombone
Trumpet	Tromba
Violin	Violino

Mythology
Mitologia

Archetype	Archetipo
Behavior	Comportamento
Beliefs	Credenze
Creation	Creazione
Creature	Creatura
Culture	Cultura
Deities	Divinità
Disaster	Disastro
Heaven	Paradiso
Hero	Eroe
Immortality	Immortalità
Jealousy	Gelosia
Labyrinth	Labirinto
Legend	Leggenda
Lightning	Fulmine
Monster	Mostro
Mortal	Mortale
Revenge	Vendetta
Thunder	Tuono
Warrior	Guerriero

Nature
Natura

Animals	Animali
Arctic	Artico
Beauty	Bellezza
Bees	Api
Cliffs	Scogliere
Clouds	Nuvole
Desert	Deserto
Dynamic	Dinamico
Erosion	Erosione
Fog	Nebbia
Foliage	Fogliame
Forest	Foresta
Glacier	Ghiacciaio
Mountains	Montagne
River	Fiume
Sanctuary	Santuario
Serene	Sereno
Tropical	Tropicale
Vital	Vitale
Wild	Selvaggio

Numbers
Numeri

Decimal	Decimale
Eight	Otto
Eighteen	Diciotto
Fifteen	Quindici
Five	Cinque
Four	Quattro
Fourteen	Quattordici
Nine	Nove
Nineteen	Diciannove
One	Uno
Seven	Sette
Seventeen	Diciassette
Six	Sei
Sixteen	Sedici
Ten	Dieci
Thirteen	Tredici
Three	Tre
Twelve	Dodici
Twenty	Venti
Two	Due

Nutrition
Nutrizione

Appetite	Appetito
Balanced	Bilanciato
Bitter	Amaro
Calories	Calorie
Carbohydrates	Carboidrati
Diet	Dieta
Digestion	Digestione
Edible	Commestibile
Fermentation	Fermentazione
Flavor	Gusto
Habits	Abitudini
Health	Salute
Healthy	Sano
Nutrient	Nutriente
Proteins	Proteine
Quality	Qualità
Sauce	Salsa
Toxin	Tossina
Vitamin	Vitamina
Weight	Peso

Ocean
Oceano

Algae	Alghe
Coral	Corallo
Crab	Granchio
Dolphin	Delfino
Eel	Anguilla
Fish	Pesce
Jellyfish	Medusa
Octopus	Polpo
Oyster	Ostrica
Reef	Scogliera
Salt	Sale
Seaweed	Alga
Shark	Squalo
Shrimp	Gamberetto
Sponge	Spugna
Storm	Tempesta
Tides	Maree
Tuna	Tonno
Turtle	Tartaruga
Whale	Balena

Pets
Animali Domestici

Cat	Gatto
Collar	Collare
Cow	Mucca
Dog	Cane
Fish	Pesce
Food	Cibo
Goat	Capra
Hamster	Criceto
Kitten	Gattino
Leash	Guinzaglio
Lizard	Lucertola
Mouse	Topo
Parrot	Pappagallo
Paws	Zampe
Puppy	Cucciolo
Rabbit	Coniglio
Tail	Coda
Turtle	Tartaruga
Veterinarian	Veterinario
Water	Acqua

Philanthropy
Filantropia

Challenges	Sfide
Charity	Carità
Children	Bambini
Community	Comunità
Contacts	Contatti
Donate	Donare
Finance	Finanza
Funds	Fondi
Generosity	Generosità
Goals	Obiettivi
Groups	Gruppi
History	Storia
Honesty	Onestà
Humanity	Umanità
Mission	Missione
Need	Bisogno
People	Persone
Programs	Programmi
Public	Pubblico
Youth	Gioventù

Physics
Fisica

Acceleration	Accelerazione
Atom	Atomo
Chaos	Caos
Chemical	Chimico
Density	Densità
Electron	Elettrone
Engine	Motore
Expansion	Espansione
Formula	Formula
Frequency	Frequenza
Gas	Gas
Magnetism	Magnetismo
Mass	Massa
Mechanics	Meccanica
Molecule	Molecola
Nuclear	Nucleare
Particle	Particella
Relativity	Relatività
Universal	Universale
Velocity	Velocità

Plants
Piante

Bamboo	Bambù
Bean	Fagiolo
Berry	Bacca
Botany	Botanica
Bush	Cespuglio
Cactus	Cactus
Fertilizer	Fertilizzante
Flora	Flora
Flower	Fiore
Foliage	Fogliame
Forest	Foresta
Garden	Giardino
Grass	Erba
Ivy	Edera
Moss	Muschio
Petal	Petalo
Root	Radice
Stem	Stelo
Tree	Albero
Vegetation	Vegetazione

Professions #1
Professioni #1

Ambassador	Ambasciatore
Astronomer	Astronomo
Attorney	Avvocato
Banker	Banchiere
Cartographer	Cartografo
Coach	Allenatore
Dancer	Ballerino
Doctor	Medico
Editor	Editore
Geologist	Geologo
Hunter	Cacciatore
Jeweler	Gioielliere
Musician	Musicista
Nurse	Infermiera
Pianist	Pianista
Plumber	Idraulico
Psychologist	Psicologo
Sailor	Marinaio
Tailor	Sarto
Veterinarian	Veterinario

Professions #2
Professioni #2

Astronaut	Astronauta
Biologist	Biologo
Dentist	Dentista
Detective	Detective
Engineer	Ingegnere
Farmer	Agricoltore
Gardener	Giardiniere
Illustrator	Illustratore
Inventor	Inventore
Journalist	Giornalista
Librarian	Bibliotecario
Linguist	Linguista
Painter	Pittore
Philosopher	Filosofo
Photographer	Fotografo
Physician	Medico
Pilot	Pilota
Surgeon	Chirurgo
Teacher	Insegnante
Zoologist	Zoologo

Psychology
Psicologia

Appointment	Appuntamento
Assessment	Valutazione
Behavior	Comportamento
Childhood	Infanzia
Clinical	Clinico
Cognition	Cognizione
Conflict	Conflitto
Dreams	Sogni
Ego	Ego
Emotions	Emozioni
Ideas	Idee
Perception	Percezione
Personality	Personalità
Problem	Problema
Reality	Realtà
Sensation	Sensazione
Subconscious	Subconscio
Therapy	Terapia
Thoughts	Pensieri
Unconscious	Inconscio

Rainforest
Foresta Pluviale

Amphibians	Anfibi
Birds	Uccelli
Botanical	Botanico
Climate	Clima
Clouds	Nuvole
Community	Comunità
Diversity	Diversità
Indigenous	Indigeno
Insects	Insetti
Jungle	Giungla
Mammals	Mammiferi
Moss	Muschio
Nature	Natura
Preservation	Preservazione
Refuge	Rifugio
Respect	Rispetto
Restoration	Restauro
Species	Specie
Survival	Sopravvivenza
Valuable	Prezioso

Restaurant #1
Ristorante #1

Allergy	Allergia
Bowl	Ciotola
Bread	Pane
Cashier	Cassiere
Chicken	Pollo
Coffee	Caffè
Dessert	Dessert
Food	Cibo
Ingredients	Ingredienti
Kitchen	Cucina
Knife	Coltello
Meat	Carne
Menu	Menù
Napkin	Tovagliolo
Plate	Piatto
Reservation	Prenotazione
Sauce	Salsa
Spicy	Piccante
To Eat	Mangiare
Waitress	Cameriera

Restaurant #2
Ristorante #2

Appetizer	Aperitivo
Beverage	Bevanda
Cake	Torta
Chair	Sedia
Delicious	Delizioso
Dinner	Cena
Eggs	Uova
Fish	Pesce
Fork	Forchetta
Fruit	Frutta
Ice	Ghiaccio
Lunch	Pranzo
Salad	Insalata
Salt	Sale
Soup	Minestra
Spices	Spezie
Spoon	Cucchiaio
Vegetables	Verdure
Waiter	Cameriere
Water	Acqua

Science
Scienza

Atom	Atomo
Chemical	Chimico
Climate	Clima
Data	Dati
Evolution	Evoluzione
Experiment	Esperimento
Fact	Fatto
Fossil	Fossile
Gravity	Gravità
Hypothesis	Ipotesi
Laboratory	Laboratorio
Method	Metodo
Minerals	Minerali
Molecules	Molecole
Nature	Natura
Organism	Organismo
Particles	Particelle
Physics	Fisica
Plants	Piante
Scientist	Scienziato

Science Fiction
Fantascienza

Atomic	Atomico
Books	Libri
Cinema	Cinema
Clones	Cloni
Dystopia	Distopia
Explosion	Esplosione
Extreme	Estremo
Fantastic	Fantastico
Fire	Fuoco
Futuristic	Futuristico
Galaxy	Galassia
Illusion	Illusione
Imaginary	Immaginario
Mysterious	Misterioso
Oracle	Oracolo
Planet	Pianeta
Robots	Robot
Technology	Tecnologia
Utopia	Utopia
World	Mondo

Scientific Disciplines
Discipline Scientifiche

Anatomy	Anatomia
Archaeology	Archeologia
Astronomy	Astronomia
Biochemistry	Biochimica
Biology	Biologia
Botany	Botanica
Chemistry	Chimica
Ecology	Ecologia
Geology	Geologia
Immunology	Immunologia
Kinesiology	Kinesiologia
Linguistics	Linguistica
Mechanics	Meccanica
Mineralogy	Mineralogia
Neurology	Neurologia
Physiology	Fisiologia
Psychology	Psicologia
Sociology	Sociologia
Thermodynamics	Termodinamica
Zoology	Zoologia

Shapes
Forme

Arc	Arco
Circle	Cerchio
Cone	Cono
Corner	Angolo
Cube	Cubo
Curve	Curva
Cylinder	Cilindro
Edges	Bordi
Ellipse	Ellisse
Hyperbola	Iperbole
Line	Linea
Oval	Ovale
Polygon	Poligono
Prism	Prisma
Pyramid	Piramide
Rectangle	Rettangolo
Side	Lato
Sphere	Sfera
Square	Quadrato
Triangle	Triangolo

Spices
Spezie

Anise	Anice
Bitter	Amaro
Cardamom	Cardamomo
Cinnamon	Cannella
Coriander	Coriandolo
Cumin	Cumino
Curry	Curry
Fennel	Finocchio
Fenugreek	Fieno Greco
Flavor	Gusto
Garlic	Aglio
Ginger	Zenzero
Licorice	Liquirizia
Nutmeg	Noce Moscata
Onion	Cipolla
Paprika	Paprika
Saffron	Zafferano
Salt	Sale
Sweet	Dolce
Vanilla	Vaniglia

Sport
Sport

Ability	Capacità
Athlete	Atleta
Body	Corpo
Bones	Ossa
Coach	Allenatore
Cycling	Ciclismo
Dancing	Danza
Diet	Dieta
Endurance	Resistenza
Goal	Obiettivo
Health	Salute
Jogging	Jogging
Maximize	Massimizzare
Metabolic	Metabolico
Muscles	Muscoli
Nutrition	Nutrizione
Program	Programma
Sports	Sportivo
Strength	Forza
To Swim	Nuotare

The Company
L'Azienda

Creative	Creativo
Decision	Decisione
Employment	Occupazione
Global	Globale
Industry	Industria
Innovative	Innovativo
Investment	Investimento
Possibility	Possibilità
Presentation	Presentazione
Product	Prodotto
Professional	Professionale
Progress	Progresso
Quality	Qualità
Reputation	Reputazione
Resources	Risorse
Revenue	Reddito
Risks	Rischi
To Generate	Generare
Trends	Tendenze
Units	Unità

The Media
I Media

Advertisements	Pubblicità
Attitudes	Atteggiamenti
Commercial	Commerciale
Communication	Comunicazione
Digital	Digitale
Edition	Edizione
Education	Educazione
Facts	Fatti
Funding	Finanziamento
Images	Immagini
Individual	Individuale
Industry	Industria
Intellectual	Intellettuale
Local	Locale
Network	Rete
Newspapers	Giornali
Online	Online
Opinion	Opinione
Public	Pubblico
Radio	Radio

Time
Tempo

After	Dopo
Annual	Annuale
Before	Prima
Calendar	Calendario
Century	Secolo
Clock	Orologio
Day	Giorno
Decade	Decennio
Future	Futuro
Hour	Ora
Minute	Minuto
Month	Mese
Morning	Mattina
Night	Notte
Noon	Mezzogiorno
Soon	Presto
Today	Oggi
Week	Settimana
Year	Anno
Yesterday	Ieri

To Fill
Riempire

Bag	Borsa
Barrel	Barile
Basin	Bacino
Basket	Cesto
Bottle	Bottiglia
Box	Scatola
Bucket	Secchio
Carton	Cartone
Crate	Cassa
Drawer	Cassetto
Envelope	Busta
Folder	Cartella
Packet	Pacchetto
Pocket	Tasca
Suitcase	Valigia
Tray	Vassoio
Tub	Vasca
Tube	Tubo
Vase	Vaso
Vessel	Nave

Congratulations

You made it!

We hope you enjoyed this book as much as we enjoyed making it. We do our best to make high quality games.
These puzzles are designed in a clever way for you to learn actively while having fun!

Did you love them?

A Simple Request

Our books exist thanks your reviews. Could you help us by leaving one now?

Here is a short link which will take you to your order review page:

BestBooksActivity.com/Review50

MONSTER CHALLENGE!

Challenge #1

Ready for Your Bonus Game? We use them all the time but they are not so easy to find. Here are **Synonyms**!

Note 5 words you discovered in each of the Puzzles noted below (#21, #36, #76) and try to find 2 synonyms for each word.

*Note 5 Words from **Puzzle 21***

Words	Synonym 1	Synonym 2

*Note 5 Words from **Puzzle 36***

Words	Synonym 1	Synonym 2

*Note 5 Words from **Puzzle 76***

Words	Synonym 1	Synonym 2

Challenge #2

Now that you are warmed-up, note 5 words you discovered in each Puzzle noted below (#9, #17, #25) and try to find 2 antonyms for each word. How many lines can you do in 20 minutes?

Note 5 Words from **Puzzle 9**

Words	Antonym 1	Antonym 2

Note 5 Words from **Puzzle 17**

Words	Antonym 1	Antonym 2

Note 5 Words from **Puzzle 25**

Words	Antonym 1	Antonym 2

Challenge #3

Wonderful, this monster challenge is nothing to you!

Ready for the last one? Choose your 10 favorite words discovered in any of the Puzzles and note them below.

1.	6.
2.	7.
3.	8.
4.	9.
5.	10.

Now, using these words and within a maximum of six sentences, your challenge is to compose a text about a person, animal or place that you love!

Tip: You can use the last blank page of this book as a draft!

Your Writing:

Explore a Unique Store Set Up **FOR YOU!**

BestActivityBooks.com/**TheStore**

Designed for Entertainment!

Light Up Your Brain With Unique **Gift Ideas**.

Access **Surprising** And **Essential Supplies!**

CHECK OUT OUR MONTHLY SELECTION NOW!

- **Expertly Crafted Products** -

NOTEBOOK:

SEE YOU SOON!

Linguas Classics Team